기독교문서선교회 (Christian Literature Center: 약칭 CLC)는 1941년 영국 콜체스터에서 켄 아담스에 의해 시작되었으며 국제 본부는 미국 필라델피아에 있습니다.
국제 CLC는 59개 나라에서 180개의 본부를 두고, 약 650여 명의 선교사들이 이동 도서차량 40대를 이용하여 문서 보급에 힘쓰고 있으며 이메일 주문을 통해 130여 국으로 책을 공급하고 있습니다. 한국 CLC는 청교도적 복음주의 신학과 신앙 서적을 출판하는 문서선교기관으로서, 한 영혼이라도 구원되길 소망하면서 주님이 오시는 그날까지 최선을 다할 것입니다.

추천사 1

신 국 원 박사
총신대학교 명예교수
(사)기독교세계관학술동역회 이사장

　21세기 문화의 흐름에서 가장 강력한 변화 요인은 컴퓨터와 연관된 기술이 가져온 4차 산업혁명입니다. 컴퓨터는 적용 범위가 거의 제한이 없어 사회와 문화적 영향력이 엄청납니다.
　인공지능 기술은 더욱 그렇습니다. 물론, 그것의 영향력을 지나치게 과장하고 과도하게 믿거나 의지하는 태도는 경계해야 합니다. 인간의 사고 능력을 기계적으로 대체하고 창조적 생성 부분까지 기술에 넘어가는 것이기 때문에 주의를 기울여야 합니다.
　이런 변화에는 기술을 넘어 '세계관적 함축'이 있을 수밖에 없습니다. 인공지능 같이 강력한 기술은 세상만 바꾸는 것이 아니라, 세상을 바라보고 이해하는 우리의 관점도 바꾸어 놓게 마련입니다. 마치 진화론이 생물학적 관찰에서 시작했지만 하나의 세계관이 되어 세상과 문화까지 자연적 진화의 산물로 보게 만드는 영향을 발휘한 것과 같습니다.
　인공지능은 우선 인간에 대한 이해를 바꾸어 놓을 수 있습니다. 지능과 기억을 기계에 옮겨 영생을 꿈꾸는 유발 하라리나 커즈와일의 비전은 세계관으로 진화할 가능성을 이미 보여주었습니다.

이 책은 우리 시대의 새로운 도전을 가져오는 인공지능에 대해 주의를 기울여야 할 사안들을 쉽고도 상세하게 제시합니다. 아울러 우리 그리스도인이 인공지능이라는 혁신적이면서도 엄청난 영향력을 가진 기술을 성경적 관점에 따라서 대처할 지혜를 선물합니다.

기술을 '하나님께서 주신 선물'로 받아 바로 사용하기 위해서는 성경적인 반성이 필수적입니다. 인공지능도 "땅을 정복하고 다스리되," "돌보고 가꾸는" 방식으로 사용해야 합니다. 이를 위해서는 하나님의 선하시고 기뻐하시고 온전한 뜻이 무엇인지 분별하는 능력을 길러야 합니다.

이 책에 담긴 통찰과 지혜가 바로 그 분별력을 갖추는 데 꼭 필요한 내용들을 가르쳐 줄 것입니다.

추천사 2

류 재 상 박사
세상의빛동광교회 담임목사

AI 과연 그리스도인에게는 어떤 의미일까?

이 책은 AI가 가져올 세상에 대한 막연한 두려움을 불식시키고, AI를 하나님의 섭리 안에서 창조적으로 수용할 수 있는 공간을 만들어 준다.

AI는 정보는 전달할 수 있어도, 사람의 마음을 움직일 수는 없다. AI는 일상의 편리함을 주지만, 불편함을 통한 은혜는 줄 수 없다.

그래서 AI 시대에 우리는 궁극적 희망이신 하나님, 최종 승리이신 그리스도, 우리를 살리는 성령을 더욱 신뢰할 수밖에 없다.

AI 시대는 교회에게 주신 역설적인 새 부대가 될 것이다.

추천사 3

조 한 상 박사
호남신학대학교 영성학 교수

　제4차 산업혁명의 도래로 세상은 과거와는 다르게 급변하였습니다. 인공지능(AI), 사물 인터넷(IoT), 무인 운송 수단(무인 자동차, 무인 항공기), 빅데이터, 블록체인, 3D 프린팅 등으로 대표되는 변화의 물결은 초연결사회로 우리를 인도하였습니다. 초연결사회로의 진입은 고용의 변화뿐 아니라 교육 환경은 물론 신앙 패턴의 변화까지 초래할 것으로 예상합니다.
　아울러, 과학 기술과 문명의 발달은 우리를 더 윤택하고 풍요로운 사회로 인도했지만, 하나님 형상으로 창조된 인간의 내면은 더 영원을 향하고, 더 영적으로 갈급한 상황이 될 것입니다.
　이러한 현상 속에서 교회와 기독교인은 어떻게 대처해야 할까요?
　장보철 교수님의 신작 『교회가 인공지능을 우려해야 할 이유 12가지』는 이러한 상황에서 교회와 기독교인의 대응을 잘 묘사하였고, 시의적절한 논의를 이끌었습니다.
　미래에는 도구화된 인간이 더 영적으로 갈급하여 절대자이신 하나님을 찾고, 신비적이며 영적인 일에 관심을 갖게 될 것이라고 예상해 봅니다. 그리고 이런 인간의 영적인 갈급함은 인공지능이 아닌, 오직 하나님만이 채워줄 수 있습니다.
　이 시대에 꼭 필요한 신간의 출간을 다시 한번 축하드리며, 한국 교회 목회자뿐만 아니라 모든 성도에게 이 책의 일독을 권합니다.

추천사 4

이 현 성 기자
국민일보 종교부

"제품을 안전하고 올바르게 사용하여 사고나 위험을 미리 막기 위한 사항이므로 반드시 지켜주세요."

전자제품 사용설명서는 주로 주의사항으로 시작한다. 제품에 문제가 생길 상황에 대비해 조치 방법까지 일러두는 매뉴얼도 있다. 조작법은 그 뒤에 나온다.

인공지능(AI) 시대가 활짝 열리면서 AI 관련 서적들이 우후죽순 쏟아지고 있다. 하지만, 주의 사항에 관한 책은 드물다. 신간을 보면 인공지능을 활용한 주식 투자, 그림, 글쓰기 등 실습서가 대다수다. 챗GPT를 목회 비서로 활용하란 기독 서적들도 출판되고 있다. 모두 조작법 관련 도서다.

교회에 주의 사항을 경고하는 책은 더 희소하다.

저자인 장보철 교수는 AI가 하나님 자리까지 넘볼 거라 경고한다. 목사님보다 AI 챗봇에 신앙 고민을 털어놓는 청소년들이 적지 않다. AI는 이미 선전 포고를 마쳤다.

교회가 인공지능을 우려해야 할 12가지 이유

12 Reasons Why Churches Should Concern about AI?
Written by *Bocheol Chang*
All rights reserved.
Korean Edition Copyright ⓒ 2024 by Christian Literature Center, Seoul, Korea.

교회가 인공지능을 우려해야 할 이유 12가지

2024년 6월 30일 초판 발행

지은이		장보철

편집		이신영
디자인		소신애
펴낸곳		(사)기독교문서선교회
등록		제16-25호(1980.1.18.)
주소		서울특별시 동대문구 천호대로71길 39
전화		02-586-8761-3(본사) 031-942-8761(영업부)
팩스		02-523-0131(본사) 031-942-8763(영업부)
이메일		clckor@gmail.com
홈페이지		www.clcbook.com
송금계좌		기업은행 073-000308-04-020 (사)기독교문서선교회
일련번호		2024-77

ISBN 978-89-341-2707-9(03230)

이 책의 출판권은(사)기독교문서선교회가 소유합니다.
신저작권법에 의하여 한국 내에서 보호받는 저작물이므로 무단 전재와 무단 복제를 금합니다.

교회가 인공지능을
우려해야 할 12가지 이유

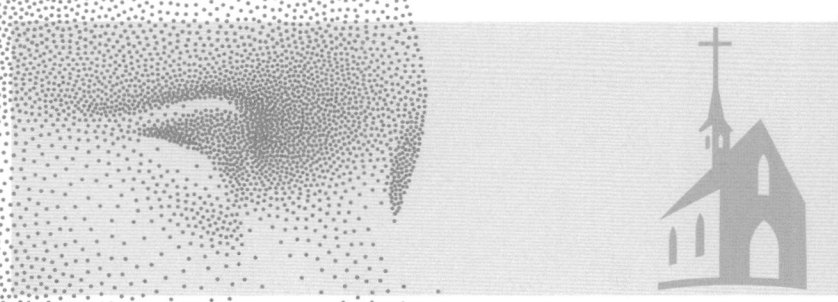

장보철 지음

CLC

목차

추천사 1 **신국원 박사** | 총신대학교 명예교수, (사)기독교세계관학술동역회 이사장   1
추천사 2 **류재상 박사** | 세상의빛동광교회 담임목사   3
추천사 3 **조한상 박사** | 호남신학대학교 영성학 교수   4
추천사 4 **이현성 기자** | 국민일보 종교부   5

저자 서문   14

■ **제1장 왜 AI인가?: AI에 대한 6가지 접근**   17
    1. AI는 발명품이 아니라, 창조물이다   18
    2. AI는 인간에 대한 개념 자체를 뒤흔들 것이다   20
    3. AI는 하나님의 섭리에 대한 대항마로 등장할 것이다   21
    4. AI는 기독교에 적대적인 메시지를 낳는다   23
    5. AI를 보는 6가지 접근   25

■ **제2장 창조: 신이 되고 싶은 인간, AI를 창조하다**   31
    1. 창조, 하나님의 가장 고유한 특성   31
    2. 신이 되고 싶은 인간, 너희도 하나님과 같이 될 거야   33
    3. 인간, 인공지능을 창조하다   36
    4. AI, 인간이 만든 생명체   38

제3장 우상: AI 신에게 잡아먹힌 인간　　43

1. 우상, 하나님께서 가장 싫어하시는 것　　44
2. 테크놀러지가 우상이 될 수 있을까?　　46
3. 인간과 테크놀러지의 융합, AI 우상의 출현!　　49
4. 하나님을 떠나게 할 우상, AI　　51

제4장 답을 주는 AI와 애매모호한 하나님: 기도보다는 챗GPT!　　56

1. 기도, 그리스도인의 호흡이자 영적 생명　　57
2. 명쾌한 답을 즉각 주는 AI　　60
3. 하나님은 너무 느리고 안 계신 것 같아!　　62
4. AI 시대, 애매모호하신 하나님 신뢰하기　　66

제5장 테크노 교회와 테크노 신앙　　70

1. 테크노 교회의 유혹　　71
2. 교회는 사람이다!　　74
3. 가나안 교인과 AI 테크노 교인　　76
4. 과거와 현재의 신: 과거에 갇힌 하나님, 현재와 미래에 열린 AI　　78
5. 기계화된 복음, 체득된 복음　　81

제6장 새로운 교회의 출현: 메타버스 교회와 AI 교회　　84

1. AI 장착한 AI 메타버스 교회, 거센 파도가 밀려온다　　85
2. AI 메타버스, 교회에 주는 도전과 유혹　　88
3. AI 교회, 테크놀러지 신의 출현　　90
4. AI 신, 미래로 인도하는 길 그리고 전환　　92
5. 교회, 감정 있는 교회(affective church)로　　96

- 제7장 교회의 주인: AI인가? 하나님인가?　　　　　99
  1. 풍경 하나: '하나님의은혜교회' A 목사의 주일 오전　　99
  2. 풍경 둘: '하나님의은혜교회' 초등부 교사회의　　　101
  3. 풍경 셋: '하나님의은혜교회' 성가대　　　　　　　103
  4. 과도한 염려인가, 곧 다가올 미래의 모습인가　　　104
  5. 익숙함과 편리함의 함정　　　　　　　　　　　106
  6. 하나님도 사람도 아닌, AI가 일하는 교회　　　　108

- 제8장 미래의 약속: 예수의 재림과 종말론적 AI　　　112
  1. 종말과 재림과 심판　　　　　　　　　　　　　113
  2. 종말론적 AI, AI가 가져올 미래　　　　　　　　116
  3. 종말론적 AI, 고생 끝 행복 시작인가?　　　　　119

- 제9장 트랜스휴머니즘: AI의 신학인가?　　　　　　122
  1. 4차 산업혁명과 AI　　　　　　　　　　　　　122
  2. 새로운 휴머니즘의 등장　　　　　　　　　　　124
  3. 트랜스휴머니즘은 무엇인가?　　　　　　　　　126
  4. 창조론 아닌, 급진적 진화론 주장해　　　　　　129
  5. 치료보다는 인간 조건의 향상을 강조　　　　　131
  6. 하나님 아닌, 인간이 원하는 방향으로　　　　　133

- 제10장 고통, 절망, 그리고 죽음: 진화의 대상인가? 하나님의 축복인가? 137
  1. 인간에게 불편함과 고통은 무엇인가?　　　　　138
  2. 고통과 치유, 동전의 양면과도 같은 것　　　　141
  3. 기독교의 치유, 기계적 치유가 아니라 역설적 치유　144
  4. 죽음, 과연 인간의 종착역인가?　　　　　　　　146

- 제11장 AI 시대, 인간을 생각한다   149
  1. AI 시대, 인간은 안전하지 못하다   149
  2. 인간, 꿈틀거리는 이야기를 가진 존재   152
  3. 고통과 죽음은 인간 이야기의 주요 재료   156
  4. 인간, 이야기에 의미를 주는 존재   158

- 제12장 AI 시대, 교회가 붙들어야 할 핵심 가치 7가지   163
  1. 창조주 하나님께 돌아가기   164
  2. 궁극적 희망, 예수님 붙들기   165
  3. 성령님의 역사하심 신뢰하기   167
  4. 우상 경계하기   170
  5. 사람 긍휼히 품기   172
  6. 부르심과 보내심 확신하기   174
  7. 광야와 하나님의 계획 신뢰하기   176

- 부록: 본서를 활용한 12일 코스 제자훈련매뉴얼   179

저자 서문

AI의 발달 속도가 얼마나 빠른지, 이 책을 쓰고자 이것저것 구상하던 작년 12월과 서문을 쓰고 있는 올해 5월 사이에도 새로운 AI 기술의 발달과 관련 제품 소식들이 연이어 나오고 있다. AI를 둘러싼 일련의 기사들을 접하면서 사람이 이전보다 더 똑똑해진 것인지, AI가 스스로 진화한 것인지 헷갈릴 때가 있다.

분명 AI를 만든 이는 사람인데 우리는 AI의 급속한 발전에 열광하면서도, 다른 한편으로는 왜 두려워하고 있는 것일까?

이유야 매우 다양하겠지만, 가장 중요한 이유는 AI가 인간을 닮은 모습으로, 인간보다 훨씬 더 똑똑해지고, 인간이 제어할 수 없으며, 스스로 생각하고 행동할 수 있다는 데 있지 않을까?

한마디로 말해서, 인간이 상상할 수 없을 정도의 엄청난 위력을 갖춘 AI가 어디로 튈지 전혀 예상할 수 없다는 것이다. 스스로 진화하는 기계, 자기를 만든 이의 지시에 따르지 않을 수도 있는 기계…

인류 역사에서 우리는 이러한 기계를 만든 적도, 가진 적도 없었다. 그래서 더욱 경계해야 한다.

기독교적인 관점에서는 어떨까?

교회는 어떤 시각으로 AI를 접근해야 하고, 어떤 영향을 예상할 수 있을까?

비기독교인들도 AI에 대해서 우려의 목소리를 내고 있는데, 기독교계와 교회는 더욱 그래야 한다. 전혀 색다른 차원의 AI는 기독교의 근간인 하하나님의 창조 섭리와 인간 존재, 예수 그리스도의 다시 오심, 그리고 마지막 때의 심판 등에 정면으로 도전하는 인간의 최고의 수단으로 작용할 가능성이 매우 크기 때문이다. 그리고 이것은 결국, 교회의 존립 자체를 뒤흔들어버릴 수도 있을 것이다.

본서는 이러한 현상들에 대해서 좀 더 구체적으로 다루어 보았다.

서문을 마치기 전에, 혹시 모를 이 책이나 필자에 대한 오해를 불식시키기 위하여, 2가지를 분명히 하고 싶다.

첫째, 모든 과학과 기술이 기독교 신앙과 배치된다는 과학과 종교에 대한 극단적인 접근을 취하는 것이 아니다. 그것은 가능하지도 않고, 바람직하지도 않다. 과학과 기술의 건강한 발전과 효과적인 사용은 인간의 삶을 더욱 풍요롭고 가치 있게 만들 것이기 때문이다.

둘째, 모든 AI를 비판적으로 다루는 것이 아니다. 예를 들면, 휴게소나 식당에서 만나게 되는 AI 서빙 로봇이나 AI 바리스타가 인간과 기독교의 미래에 위협이 될 것이라고 말하는 것이 아니다(물론, 이 경우에도 인간의 실직이나 직업 상실이 문제가 될 수는 있을 것이다).

다만, 기독교계와 교회는 이른바 '강한 AI', 즉 가까운 미래에 등장하게 될 초지능을 가진 휴머노이드 AI와 AI를 비롯한 4차 산업혁명과 밀접한 관련이 있는 트랜스휴머니즘에 대해 좀 더 진지하고 심각한 접근이 필요함을 말하는 것이다.

이 책이 미력하나마 AI 시대에 교회가 가져야 할 성경적이고 기독교적인 올바른 방향과 자세를 제시해 줄 수 있기를 기도 드린다.

부족한 책이 세상에 나올 수 있도록 도우시는 기독교문서선교회 박영호 대표님과 모든 직원에게 깊은 감사의 말씀을 드린다.

바쁘신 중에도 귀한 추천사를 써 주신 신국원 교수님, 류재상 목사님, 조한상 교수님, 이현성 기자께도 고마운 마음을 전한다. 가르침과 배움의 현장에서 성찰의 기회를 주는 부산장신대학교의 학우들에게도 감사의 빚을 지고 있다.

무엇보다 지금까지 부족한 자를 사용하시는 하나님의 놀라운 은혜가 감사하다. 이 책은 하나님의 은혜에 대한 필자의 계속된 응답인 셈이다.

이 땅의 많은 교회가 AI 시대에도 더욱 빛나게 되기를 믿고 간구한다.

2024년 5월

제1장

왜 AI인가?: AI에 대한 6가지 접근

4차 혁명 시대를 살아가는 그리스도인과 교회는 왜 인공지능(이하, AI)에 관심을 가져야 하는 것일까?

지난해 『인공지능 시대, 그리스도인이 꼭 알아야 할 27가지 질문』(세움북스)을 펴낸 후 주위의 목회자, 학생, 지인들에게 자주 받은 질문이었다.

필자는 한편으로는 예상보다 많은 이가 AI에 관해 많은 관심이 있었고, 다른 한편으로는 관심에 비해서 기독교라는 큰 틀 안에서 AI와의 관계를 구체적으로 알고자 하는 노력이 그리 크지 않다는 것에 놀랐다(이것이 이 책을 쓰고자 마음을 먹은 이유 중 하나다).

그렇다. 어떻게 보면 굳이 AI에 대하여 이렇게까지 열을 내며 경계와 우려의 목소리를 낼 필요가 없을지도 모른다. AI가 제공하는 편의를 즐기고 누리면 되지, 굳이 AI를 기독교와 연관시켜야 하냐고 반문할 수 있을 것이다.

그러나 우리는 스마트폰, 자동차, 가전에 이르기까지 모든 기기에 AI 기능이 탑재되는 것은 시간문제인 시대에 살고 있다. 그리스도인이라면 결코 AI를 가볍게 생각하지 말아야 하며, 좀 더 비판적으로 이해할 수 있는 안목을 갖추어야 한다.

즉, AI가 우리의 신앙생활과 교회에 미칠 커다란 부정적인 영향을 과소평가하지 말아야 한다. 뒤에 AI에 대한 6가지 접근에서 간략하게 다루겠지만, 비그리스도인들조차도 AI의 발전 방향과 속도에 대해서 크게 우려하는 목소리가 작지 않다.

핵심은 AI가 인류에게 미칠 부정적인 파장이 결코 적지 않다는 데 있다. 전문가들은 AI를 새로운 신인류의 출현으로까지 보면서, 지금까지의 인간종인 '호모 사피엔스'를 대체할 것이라고 주장하기도 한다. AI가 이제야 발전의 속도를 내는 시점이기 때문에, 너무 지나친 염려라며 흘려보낼 수도 있을 것이다.

그렇지만 AI의 발달 속도와 방향을 볼 때, 그런 일들이 머지 않는 미래에 벌어질 가능성을 아예 배제할 수는 없다.

그야말로 인류 역사의 대전환인 셈이다.

반면, 우리에게는 비그리스도인의 우려하는 목소리와 함께 신앙적이고 성경적인 관점에서도 AI를 경계해야만 하는 분명한 이유가 있다.

다음과 같이 네 가지로 정리할 수 있을 것이다.

1. AI는 발명품이 아니라, 창조물이다

인류는 끊임없이 무언인가를 발명해 왔다. 에디슨의 백열전등, 축음기로 시작하여 배터리, 전화기, 시계, 자동차, 세탁기, 비행기, 컴퓨터, 스마트폰까지.

인류의 역사는 발명의 역사라 해도 전혀 이상할 것이 없을 정도로 인류는 무언가를 만들고 또 만들어 내었다. 그러한 발명품들이 인간의 삶을 더 편리하고 효율성 있도록 해 주었고, 산업 현장에서는 더 높은 생산성을 가능하게 하였다.

그렇다면 AI는 어떨까?

AI는 지금까지 인간이 만들어 낸 그 어떤 것보다 훨씬 더 높은 효율성, 편리성, 생산성을 창출할 수 있다. 반면, AI는 인간이 만들어 냈지만, 기존의 발명품 그 이상의 의미가 있다.

즉, AI는 인간의 발명품이라기보다, 인간의 창조물이라고 하는 것이 더 적절하다는 것이다. 지금까지의 모든 발명품은 기계 자체의 모양을 가지고 각자에게 맡겨진 기계적인 역할을 했고 지금도 하고 있지만, AI는 인간이 소유한 감정적, 행동적, 인지적인 요소들을 두루 가지고 있으며, 인간과 동일한 일을, 인간 대신 할 수 있는 기계이기 때문이다.

예를 들면, 전화기는 전화기의 형태를 가지고 인간이 할 수 없는 일을 한다. 세탁기는 세탁기의, 컴퓨터는 컴퓨터만의 모양을 가지고 각기 할당된 역할을 기계적으로 해낸다.

그러나 AI는 다르다. 지금까지의 모든 발명품에 비해서 역할과 작동 원리 등이 완전히 다른, 혁명적인 기계인 것이다. 즉, 지금 인간은 인간의 지능과 모습을 닮은 기계를 창조하고 있다. 유발 하라리는 AI를 일종의 독립적 행위 주체자로 보면서, 외계 지능(Alien Intelligence)이라고 할 수 있다고 말한 바 있다.

AI는 이미 인간보다 조금 못한 지적인 능력을 갖추고 있다. 그뿐만 아니라, 많은 전문가는 지금의 개발 속도를 보건대 늦어도 10년 정도 후면 인간을 훨씬 능가하는 '초지능' AI가 출현할 것이라고 예상한다. 아직은 이르지만, 머지않아 AI는 인간의 감정을 소유하게 될 것이다.

이미 인간을 닮은 행동을 할 수 있는 휴머노이드 AI가 만들어졌으며 상용화를 앞두고 있다. 인간의 사고, 행동, 감정을 닮은 기계. 그래서 AI는 단순한 발명품이 아닌 '창조물'이며, 만들어진 것이 아니라 '탄생'한 것이라는 평가를 받는다.

인간은 유전학적이고 생물학적인 생명체이며, 인간을 닮은 AI는 기계적 생명체라고 할 수 있다. 마치 하나님께서 자신의 형상을 닮은 인간을 창조하신 것과 흡사하다. 인간은 동식물을 비롯한 다른 모든 창조물에 비해 하나님의 모습과 속성을 가장 닮았다.

마찬가지로, 인류 역사상 인간이 만든 것 중에서 AI만큼 인간의 모습과 속성을 닮은 것은 없다. AI 개발자들과 기술 전문가들은 아예 AI를 개발할 때부터 인간의 모든 속성과 습성을 모방할 수 있도록 설계하고 있다. 이런 맥락에서, AI는 하나님의 창조에 대한 인간의 반란과도 같다고 할 수 있겠다.

2. AI는 인간에 대한 개념 자체를 뒤흔들 것이다

AI가 인류에게 가져올 커다란 영향 가운데 하나로 AI의 도래로 인한 인간 개념의 혁명적인 전환을 들 수 있다.

인간은 어떤 동물보다 월등한 지적 능력과 더불어 자아 성찰, 상상, 존재에 대한 인식과 고찰, 매우 다양한 감정 표현, 자아 인식 등의 능력을 갖췄다. 이러한 능력이 오랜 시간에 걸쳐 더욱 발전해서 각종 도구의 발달과 언어, 예술, 의료, 과학과 기술 등의 문명을 이루어 왔다.

반면, 지적, 감정적, 행동적 차원의 높은 능력에도 불구하고, 인간은 어쩔 수 없이 생물학적이고 유전적인 한계를 가질 수밖에 없는데, 그것은 바로 나이 듦과 병듦과 죽음이다. 인간이 아무리 건강하고, 과학과 의료 기술이 발전한다고 해도, 노화와 암을 비롯한 각종 질병으로부터 영원히 자유로울 수는 없다. 죽음은 모든 인간의 종착점이다.

그러나 AI 시대의 돌입으로 인간의 '치명적' 약점을 극복할 가능성의 조짐이 보인다. 바로 인간과 기계의 결합 또는 공생이다.

현재는 AI가 일상과 산업 현장에서 필요한 일들을 처리함으로써 높은 생산성과 효율성을 인간에게 제공해 주고 있다. 이른바, 약한 인공지능(weak AI) 수준이라고 할 수 있다

그러나 일부 AI 전문가들과 개발자들은 가까운 미래에 AI가 인간의 몸과 결합하여 인간이 생리학적이고 생물학적인 노화와 병듦 심지어 죽음까지 초월할 수 있다는 극단적이고 강한 AI론을 펼치고 있다.

인간과 AI가 결합한 '기계 인간'(machine-human), 또는 '인간 기계'(human-machine)의 개념의 등장 자체가 인류에게는 매우 충격적인 일이 아닐 수 없다.

결국, AI는 기계를 넘어 하나의 존재로 인식된다. 일부 전문가의 표현처럼 '신인류'로 등장하게 되는 것이다. 심지어 영국의 한 AI 연구원은 AI가 가까운 미래에 인간의 생존 자체를 크게 위협하여 인간이 필요 없는 디스토피아 같은 세계가 될 수도 있다고 하면서, 이에 대한 대비책이 필요함을 강조하기도 하였다.

3. AI는 하나님의 섭리에 대한 대항마로 등장할 것이다

인간들이 힘을 키우고 이른바 문명 사회를 건설하기 시작한 후, 가장 먼저 한 일은 바로 하나님에게서 멀어지는 것이었다.

> 서로 말하되 자, 벽돌을 만들어 견고히 굽자 하고 이에 벽돌로 돌을 대신하며 역청으로 진흙을 대신하고 또 말하되 자, 성읍과 탑을 건설하여 그 탑 꼭대기를 하늘에 닿게

하여 우리 이름을 내고 온 지면에 흩어짐을 면하자 하였더니(창세기 11:3-4).

참으로 희한하지 않은가?

도대체 왜 인간들은 자신의 힘으로 무언가 할 수만 있으면 '신'이란 존재로부터 자유로워지기를 갈망하는 것일까?

하나님께 대항하여 자신들의 이름을 내고자 했던 인간들.

인류의 문명사는 인간의 능력을 전방위로 과시함으로써 신의 초월적 능력에 저항하려는 역사라 해도 과언이 아닐 것이다.

하나님께서는 바벨탑으로 위력을 과시하며 하나님의 섭리에 도전하려 한 인간들을 막기 위해 그들의 언어를 혼잡하게 하셨다.

여호와께서 이르시되 이 무리가 한 족속이요 언어도 하나이므로 이같이 시작하였으니 이후로는 그 하고자 하는 일을 막을 수 없으리로다. 자, 우리가 내려가서 거기서 그들의 언어를 혼잡하게 하여 들로 서로 알아듣지 못하게 하자 하시고(창세기 11:6-7).

언어가 혼잡하게 되어 뜻을 이루지 못했던 인간은 이제 마침내 하나님께서 정하신 자연법칙까지 초월하려는 시도에 성공한 것처럼 보인다.

바로 4차 혁명의 총아인 AI라는 도구를 통해서 말이다. 이름도 인간의 지능을 본뜬 '인공지능'(Artificial Intelligence, AI)이다. 하나님께서 인간을 만드셨듯이, 인간은 인간을 닮은 지능을 만든 것이다.

현재는 인간의 지능과 꽤 닮은 정도의 AI 수준이지만, 많은 전문가는 그리 멀지 않은 10년 정도 후면 인간의 지능을 훨씬 초월한 초지능 AI가 등장할 것이라고 예측한다.

최근 삼성전자가 시판한 갤럭시 S24는 AI를 활용한 통역 앱이 들어 있어 최소한 13개국의 언어를 거의 실시간으로 통번역할 수 있다. 언어가 다른 사람들끼리도 거의 아무런 불편 없이 대화를 나눌 수 있게 되었다. 언어의 장벽을 허물어 인류 융합의 시대를 열겠다는 뜻이 담겨 있다.

지금도 이러한데, 인간보다 1000억 배나 똑똑하고 모습까지 인간과 꼭 닮은 휴머노이드 초지능 AI 로봇이 실현되면, 인간의 지능, 감정, 행동 등 거의 모든 영역에서 인간의 한계를 극복하게 될 것이다.

그야말로 AI는 신인류이자 새로운 '기계 신'(machine god)으로 인간 위에 군림하여 하나님의 창조 질서에 강력하게 도전하는 역할을 하게 될 가능성이 매우 크다.

4. AI는 기독교에 적대적인 메시지를 낳는다

기독교의 핵심 교리는 스스로 계시는 하나님의 천지 창조, 예수 그리스도의 동정녀 탄생, 십자가에서 죽으심과 부활 그리고 재림과 심판이다. 이 세상에 존재하는 모든 이단은 이 중 하나의 교리 혹은 교리 전부를 교묘하게 재편집하여 교주를 신격화한다.

이 땅의 존재하는 모든 정통 교회와 그리스도인은 위의 교리들을 믿고 고백하고 따른다. 고대, 중세, 근대, 현대로 시대가 바뀌지만, 하나님의 말씀은 영원히 변하지 않는다. 해석에는 다소 차이가 있을 수 있겠지만, 근본 내용과 가치는 외부적인 조건에 따라 절대로 달라질 수 없는 것이다.

반면, 급속하게 세속화, 물신주의화, 인본주의화, 과학 기술화되어 가는 현대 사회와 문화는 성경의 메시지에 반하는 방향으로 우리를 이끌고 있다.

그리고 인간들은 AI를 통하여 그 어느 때보다 거세게 기독교의 핵심 메시지에 도전하는 이론을 전파할 것이다.

예를 들면, AI의 창조는 하나님만이 하실 수 있는 지능과 생명과 선악의 창조 영역에 태클을 걸고 나선다. 찬양과 경배를 받으실 분은 오직 하나님 한 분밖에 없음에도 불구하고, 기계 신이 된 AI가 종교와 신의 자리까지 넘본다. 심지어 AI는 인간보다 월등한 능력으로 교회 사역의 현장에 침투하고 있다.

그리고 마지막 때에 예수님의 재림과 함께 하나님의 심판이 있음을 분명히 경고하는 말씀에 빗대어, AI 이론가, 전문가, 개발자들은 종말론적 AI라는 이름으로 AI가 가져올 휘황찬란한 미래를 설파하고 있다(이 책의 다음 장은 바로, 이러한 내용을 하나하나 구체적으로 담고 있다).

지금까지 왜 AI에 대해서 기독교적인 관점에서 주의를 가지고 이해해야 하는지에 대하여 살펴보았다.

AI의 놀라운 신기술이 추가될 때마다 신기하고 놀라워 하며 손뼉 치며 환영하고 있을 때가 아니다.

AI가 우리에 다양한 편리함과 안락함을 주는 것은 부인할 수 없는 사실이다. 그러한 것들은 과학 기술이 주는 혜택으로 누려도 될 것이다. 과학 기술의 혜택을 모두 회피하려면 무인도에서 혼자 살아야만 할 것이다. 교회는 무인도에 떨어져 존재할 수 없다. 그리스도인들은 우리만 사는 기도원을 만들어 사회를 등지고 살아서는 안 된다.

필자는 교회와 그리스도인들은 세상의 빛과 소금이 되어야 한다는 그 소명을 다하기 위하여 이 일을 감당하고 있다.

반면, 세상 문명과 문화 안에서 살아야 하지만, 그것에 취해서는 안 된다. 인간적인 과학과 철학과 경제와 사회 이론으로는 받아들일 수 있는 부분도, 때로는 기독교적으로는 받아들일 수 없는 경우도 많다. 진화론이 그렇고, 동성애나 안락사, 차별금지법 등 많은 부분이 그렇다.

AI도 예외가 될 수 없다. AI를 과학 기술의 산물로만 보면 좋겠는데, 그렇게만 보게 되면 기독교는 매우 많은 것들을 잃어버리고, 양보해야할 뿐 아니라, 기독교의 토대까지 흔들리게 되고 말 것이다. AI 시대에 기독교 영성이 간절히 필요한 이유다.

그렇다면, AI에 관하여 사람들은 어떤 입장을 가지고 있을까?

인공지능이 우리의 삶과 산업 현장에 매우 가깝게 다가오고 있는 현실에서 사람들은 매우 다양한 견해를 가질 수 있다. 그러한 견해들을 종합해 보면 다음과 같이 6가지 입장으로 나누어 볼 수 있을 것이다.

5. AI를 보는 6가지 접근

1) 적극적, 낙관적 접근

AI는 인류에게 매우 긍정적인 영향을 끼칠 것이라는 입장이다. 따라서, 기존의 AI 개발 속도와 방향에 대해서 염려하거나 위협으로 느낄 필요가 전혀 없다고 본다. AI가 인간의 미래의 불확실성과 위험을 해결하는 데 핵심적인 역할을 할 것이라고 주장한다.

이런 입장에 있는 사람들은 AI가 인류를 파괴하거나 산업 현장에서 인간의 일자리를 빼앗는다기보다 인간이 할 일을 대체할 뿐이며, 인간은 다른 일에 더욱 집중할 수 있게 되리라 믿는다.

인간이 AI에 종속된다는 주장에도 동의하지 않는다. 현재의 AI는 아직 초보적인 단계이며, 앞으로 인간과 같은 수준의, 더 나아가 인간을 훨씬 능가하는 초지능 AI가 탄생할 것을 확신하고 있으며, 초지능 AI가 좀 더 빠른 시기에 만들어지도록 모든 과학 기술을 동원하는 것을 환영한다.

이 접근의 선두에 선 사람들 가운데 대표적인 이로 빌 게이츠 MS 회장을 들 수 있다. 그는 "인공지능은 성배다. 이제는 음성 및 시각적 인식 등 매우 구체적인 분야에서까지 인간의 능력을 넘어섰다"라고 말한 바 있다.

또한, AI 개발론자 중의 대표로 앤드류 응 스탠포드대학교 교수를 들 수 있는데, 그는 <한국경제신문>과의 인터뷰에서 "AI 규제가 인류 발전의 속도를 늦추고 있다"라고 말했다.

2) 소극적, 낙관적 접근

이 접근은 AI가 인간의 일상생활과 경제·산업 현장에 매우 유용한 역할을 하며 인간에게 편리함과 효율성을 제공하는 등의 AI의 강점에 대해서 전반적으로 긍정적인 견해를 취하면서도, AI가 가져올 부정적인 측면에 대해서 우려의 목소리를 낸다.

예를 들면, AI의 인간 일자리 대체로 인한 대량 감원과 극심한 일자리 부족, 인간의 개념과 가치에 대한 회의, AI에 대한 인간의 통제 불확실성, AI 관련 윤리와 실행 등의 법 제정의 어려움, AI를 둘러싼 나라마다 이해관계의 차이 등을 들 수 있다.

어떻게 하면 메타(META), 마이크로소프트(MS), 구글(Google), 삼성 등 빅테크 기업들이 AI 기술 개발에 있어서 윤리적인 책임 의식을 가지고 실행하느냐가 중요하다. 국제적인 AI 윤리 법제화의 시급성도 강조한다.

AI의 통제와 관련법 등을 강조하는 동시에 다양한 AI 관련 기술 개발을 환영하며, 인류가 나가야 할 방향은 AI가 가져올 혁명적인 기술이 동반된 미래라고 믿고 있다. 대다수의 AI 전문가와 개발자 및 미래학자들이 여기에 해당한다고 볼 수 있다.

3) 비관적 접근

챗GPT의 출현 이후, 놀라운 속도로 개발되고 있는 AI 기술에 대해서 심각한 우려와 경계의 목소리를 내는 견해다. AI가 인류에게 치명적인 위협과 살상 무기로까지 활용될 수 있다고 본다.

특이한 것은, 이들은 AI에 대하여 전혀 모르는 그룹이 아니라, 오히려 AI 전문가와 개발자들이라는 점이다. 이들은 AI가 인간의 전방위에 걸쳐서 상당한 유익을 준다는 것은 인정한다. 그러나 현재의 AI 개발 속도가 너무 빠르며, 인간이 AI를 어떻게 다룰 것인지에 대해 진지하고 심각한 국제적 논의가 반드시 있어야 함을 강조한다.

이들은 이르면 10년 안에 인간 지능을 초월한 AI가 등장할 것으로 예상하며, 그 이후의 인류는 커다란 재앙을 맞이하게 될 것이라고 경고한다. 그 주요 이유로 AI가 인간의 도움 없이도 스스로 사고하고 움직이고 행동하리라는 것과 그러한 AI의 자율권에 대한 인간의 통제력 상실을 들고 있다. 결국, 인간을 위해 만든 AI가 인간의 통제와 이익을 벗어나서 자신들이 추구하는 방향으로 나갈 것이라고 우려하는 그룹이다.

6년 전에 세상을 떠난 스티븐 호킹 박사가 여기에 해당한다. 그는 "인류의 발전은 생물학적 진화 속도로 인하여 제한되기 때문에 AI의 발전 속도와 경쟁할 수 없을 것이다. AI는 인류의 종말을 불러올 수 있다"라고 경고하였다.

지금까지의 3가지 접근이 비기독교적인 관점에서 AI에 대한 의견을 다룬 것이라면, 이후에 살펴볼 3가지 접근은 인간적인 관점만 아니라, 그리스도인들이 가질 수 있는 상태에 대한 분류다. 당연히 이 3가지 외에도 다양한 접근들이 있을 수 있을 것이다.

필자는 크게 3가지로 나눌 수 있다고 생각한다.

4) AI-기독교 분리 접근

과학 기술과 종교, 보다 구체적으로 과학 기술과 기독교는 다루는 대상이나 추구하는 목적 및 방향 등의 영역이 너무나 다르므로 굳이 서로 연관을 지을 필요가 없다는 태도다.

AI는 4차 혁명이 가져온 부산물로, 인간의 과학 기술의 자연스러운 발전이기 때문에, AI는 과학 기술이나 일반적인 학문 분야에서 논의할 주제라는 것이다. 기독교와 교회는 하나님의 말씀과 신앙 및 복음화에 집중하는 영적인 영역이기에 AI와 공통분모가 없다는 자세를 취한다.

따라서, AI의 발달과 다양한 기계들의 출현에 그렇게 큰 반응하지도, 의미를 부여하지도 않는다. AI의 위협이나 문제점에 대해서도 그리 큰 관심을 보이지 않는다. 교회 성장, 전도, 선교 등 전통적인 교회의 역할에만 충실할 뿐이다.

5) 기독교적-긍정적 접근

AI와 기독교는 서로 특별한 연결점이 없기에, 비관적으로 생각하기보다 일상생활과 산업 현장에서 매우 커다란 효율성과 생산성을 주고 있는 AI를 굳이 마다할 이유가 없다는 입장이다.

아직은 AI와 AI 로봇이 약한 AI 차원에서 인간에게 다가오고 있으며 편리성 및 신속성 그리고 정확성(챗GPT처럼 왜곡된 정보의 입력과 엉뚱한 답변을 제외하면)이라는 측면에서 AI의 강점을 보다 긍정적으로 보는 입장이다.

하나님께서 인간에게 주신 지혜와 지식을 가지고 현대 과학 기술계가 무한히 발전하는 것을 자연스러운 인간 발전의 한 형태로 보는 것이다. AI가 인간이 당하지 않아도 될 질병이나 아픔 등을 치료하는 데 유용하게 활용될 수 있다는 것이다.

또한, 챗GPT의 경우에서도 알 수 있듯, 전문 목회자들에게 엄청난 양의 자료들을 신속하고 비교적 정확하게 정보를 제공하고 필요한 작업을 해 주기 때문에 잘 사용하면 교회에서도 많은 도움이 된다고 본다. 이들은 AI 기술의 발전이 기독교의 진리와 상충하지 않는다고 믿는다.

6) 기독교적-비관적 접근

AI가 과학 기술에 속한 영역이기는 하지만, 기독교 교리와 진리와 무관하거나 영향이 없지 않다는 태도다. AI는 기독교와 교회에 실보다는 득이, 약보다는 독이 될 가능성이 크다고 주장하는 것이다.

겉보기에는 AI와 기독교가 전혀 관계 없는 것처럼 보이지만, 필연적으로 기독교와 상충하기 때문에 교회에서 AI를 사용하는 것에 대해서 매우 조심스럽게 접근한다.

앞으로 거의 모든 일상생활에서 AI를 내재한 제품, 혹은 AI 로봇이 등장하게 되는 것은 막을 수 없지만, AI가 교회와 성경의 권위, 특히 하나님의 권위를 심하게 위협하리라 생각한다. 세속적인 과학과 기술계의 입장에서는 AI가 인간이 당면한 많은 문제와 숙제를 해결할 수 있는 유일하고 혁명적인 수단이라고 믿는 것이 어떻게 보면 당연할 것이다.

반면, 기독교는 시대와 장소와 문화적인 배경을 떠나, 오직 하나님만이 인간의 역사를 포함하여 온 세상을 다스리는 분이심을 고백하는 종교다. 어떤 인간, 어떤 사물도 하나님의 자리를 대신할 수는 없다.

AI는 바로 하나님의 자리에 앉아 신과 같은 존재가 될 수 있다는 것, 이것은 인류에게는 커다란 재앙이자, 하나님에 대한 도전이다.

이런 맥락에서 볼 때, AI는 우상과 다름없다. 기독교에서는 인간을 초월하는 지능이 탄생하고 '신인류'라고까지 불리는 AI를 용납할 수 없는 것이다.

따라서, AI를 활용한 설교나 기도문 작성, 교회학교 자료 제작 등에 대해서 매우 주의해야 한다고 강조한다. 기독교적이고 신앙적인 행위들은 단순한 기계적인 작업이 아니라, 영적인 작업이기 때문이다.

소그룹 토론을 위한 질문

1) 평소 AI에 관해 누군가와 이야기를 나눈 적이 있는가?
   있다면, 그 내용은 무엇이었는가?

2) 교회가 AI에 관심을 가져야 하는 네 가지 이유를 살펴보았다.
   이에 관한 당신의 생각은 무엇인가?

3) AI에 대한 6가지 접근 방식을 살펴보았다.
   각각의 내용과 근거는 무엇인가?

제2장

창조: 신이 되고 싶은 인간, AI를 창조하다

1. 창조, 하나님의 가장 고유한 특성

기독교의 하나님은 매우 다양한 속성과 사역을 가지고 있는 분이시다. 가장 두드러진 것으로 창조, 사랑, 공의, 인자, 전지전능, 심판 등을 들 수 있다. 여러 속성 가운데 가장 핵심적인 것이 무엇이냐고 묻는다면, 아마도 필자를 포함한 대다수 기독교인은 창조를 꼽을 것이다.

그렇다. 기독교의 하나님은 창조주 하나님이다. 그 어떤 생명체도 존재하지 않는, 어둠과 혼돈만 가득한 가운데 하나님께서는 낮과 밤, 하늘과 땅, 동식물과 사람을 만드셨다.

성경의 첫 번째 책인 창세기는 하나님을 소개하는 것으로 시작한다.

> 태초에 하나님이 천지를 창조하시니라 땅이 혼돈하고 공허하며 흑암이 깊음 위에 있고 하나님의 영은 수면 위에 운행하시니라 하나님이 이르시되 빛이 있으라 하시니 빛이 있었고 빛이 하나님이 보시기에 좋았더라 하나님이 빛과 어둠을 나누사 하나님이 빛을 낮이라 부르시고 어둠을 밤이라 부르시니라 저녁이 되고 아침이 되니 이는 첫째 날이니라(창세기 1:1-5).

창세기뿐만 아니라, 성경의 여러 책에서 매우 중요한 순간에 성경 기자들은 여호와 하나님이 온 우주 만물을 지으신 창조주이심을 분명하게 선언하며, 만물을 다스리시는 하나님의 주권에 복종할 것을 선포한다.

> 여호와께서 그의 권능으로 땅을 지으셨고 그의 지혜로 세계를 세우셨고 그의 명철로 하늘을 펴셨으며(예레미야 10:12).

> 우리 주 하나님이여 영광과 존귀와 권능을 받으시는 것이 합당하오니 주께서 만물을 지으신지라 만물이 주의 뜻대로 있었고 또 지으심을 받았나이다 하더라(요한계시록 4:11).

하나님을 만물의 창조주로 표현하는 성경 구절들을 보면, 창조주 하나님께서는 인간, 동물, 식물 등 눈에 보이는 피조물만이 아니라, 시간과 공간과 인간의 마음의 상태와 모든 삶의 상황까지 만드는 분이심을 알 수 있다.

> 나는 빛도 짓고 어둠도 창조하며 나는 평안도 짓고 환난도 창조하나니 여호와라 이 모든 일을 행하는 자니라 하였노라(이사야 45:7).

> 만물이 그에게 창조되되 하늘과 땅에서 보이는 것들과 보이지 않는 것들과 혹은 보좌들이나 주관들이나 정사들이나 권세들이나 만물이 다 그로 말미암고 그를 위하여 창조되었고(골로새서 1:16).

이처럼 창조는 하나님의 전지전능하심을 가장 압축적으로 표현해 주고 있는 강력한 사역이다. '만물의 창조주'라는 말에는 '만물의 주인'이라는 의미가 담겨 있다.

> 주신 이도 여호와시요 거두신 이도 여호와시오니 여호와의 이름이 찬송을 받으실지니이다(욥기 1:21).

욥의 고백은 우리가 가진 모든 것은 하나님께서 주신 것이라는 청지기 정신을 담고 있다.

그 어떤 우상도, 강력한 권력을 가진 국가나 개인도, 하나님과 비교할 수 없다. 오직 여호와 하나님만이 우주 만물의 창조주이며 주인이시기 때문이다.

2. 신이 되고 싶은 인간, 너희도 하나님과 같이 될 거야

언제부터인지, 그리고 누가 시작했는지는 모르겠지만, 우리는 흔히 뭔가 비범한 사람을 가리켜 '신과 같은 사람,' 혹은 '신이라 불리는 사람'이라는 표현을 사용하곤 한다. 한국인이 자랑하는 피겨 스케이팅 선수였던 김연아를 '피겨의 여신'으로 말하고, 프로야구계의 유명한 어느 감독에게는 '야구의 신'이라는 애칭을 붙여주었다.

'당신은 신과 같은 사람이야'라는 말을 들으면 괜히 우쭐해지고 자신의 분야의 최고봉에 우뚝 선 것을 자랑스럽게 여긴다. 그만큼 신은 우리 같은 보통 인간은 도저히 근접할 수 없는, 초자연적이고 신비로운 영역에 속해 있는 존재다.

따라서, 인간에게 '신'이라는 호칭을 붙인다는 것은, 그 분야에서만큼은 최고라는 인정을 의미한다.

실제로, 신이 되고자 하는 욕망은 인간의 가장 원초적인 욕망 중의 하나다. 참으로 흥미롭게도, 창세기에서 뱀이 아담의 아내인 하와가 선악과를 따먹게 하려고 사용한 전략도 바로 이 '신'이라는 이름이었다.

> 동산 중앙에 있는 나무의 열매는 하나님의 말씀에 먹지도 말고 만지지도 말라 너희가 죽을까 하노라 하셨느니라 뱀이 여자에게 이르되 너희가 결코 죽지 아니하리라 너희가 그것을 먹는 날에는 너희 눈이 밝아져 하나님과 같이 되어 선악을 알 줄 하나님이 아심이니라(창세기 2:3-4).

교활한 뱀은 하와를 유혹하기 위해서 다른 이유를 댈 수도 있었을 텐데, 왜 그 많은 것 중에서 하필이면 '하나님과 같이 된다'라고 했을까?

에덴동산에는 아담과 하와, 단 두 사람밖에 없었고, 지금처럼 돈이나 권력이란 개념이 아예 존재하지도 않았을 것이다. 그렇다고 하나님께서 자신의 모든 능력과 권세를 보여 주면서 화려함을 뽐내시지도 않았을 텐데 말이다.

하나님께서 창조하신 짐승 중에서 가장 간교한 뱀은 이미 그때부터 인간의 가장 약한 부분이 무엇인지를 정확하게 파악하고 있었다. 그리고 에덴동산의 뱀은 여전히 그 유혹의 혀를 지금도 인류를 향하여 내밀고 있다.

인간이 가진, 신을 향한 무한한 욕망은 여러 신화에서 잘 찾아볼 수 있다. 대표적인 것이 그리스 로마 신화다. 그리스 로마 신화에는 수많은 신과 인간의 이야기가 등장한다. 무한한 능력을 갖춘 다양한 신이 유한한 인간의 성격과 행동으로 표현되고 있다.

하지만, 신은 신이다. 신은 세상과 자연에 대한 이치를 상징하며 통치하는 인간이 범접할 수 없는 존재다.

신화는 실제의 사건이나 인물의 이야기라기보다는, 그 안에는 인간이 무의식적으로 가지고 있는 무한한 힘과 능력에 대한 끊임없는 갈망과 욕망이 담겨 있다.

이런 의미에서, 신이 되고 싶은 인간의 오래된 욕망은 어쩌면 신 자체가 되고 싶다기보다, 신이 가진 무한하고 완전한 힘과 능력을 갖추고 싶다는 욕망이라고 말해야 더 정확할 것이다. 그리고 신과 같은 힘과 능력을 갖춘 다음에는 신으로부터의 해방을 경험하고 싶은 것인지도 모른다.

뱀은 하나님으로부터의 속박에서 벗어나 자유롭게 훨훨 날아가고 싶은 하와의 마음을 건드렸다.

한편, 신과 같이 되고 싶은 인간 욕망의 현대판은 두 가지로 나타난다고 말할 수 있을 것 같다. 하나는, 종교적 이단이고, 다른 하나는 현대 과학과 기술이다.

우리가 알고 있는 대다수의 이단 교주는 하나같이 '신' 혹은 '신의 아들'이라는 호칭을 사용한다. 전도관의 박태선, 신천지의 이만희, 통일교의 문선명, JMS의 정명석, 만민중앙교회의 이재록, 영생교의 조희성 등은 대표적인 이단 교주들이다. 최근 넷플릭스는 <나는 신이다: 신이 배신한 사람들>이란 제목의 다큐멘터리를 제작하여 '신'이 된 인간 교주들의 죄악상을 폭로하여 화제가 되기도 했다.

또한, 신이 되고 싶었던 사이비 교주들과는 다른 모습으로, 신처럼 되고 싶은 인간의 욕망을 은밀하게 나타내고 있는 것이 있는데, 다름 아닌 현대 과학 기술이다.

4차 산업혁명이라고 불리는 뇌 과학, 인지 과학, 컴퓨터 공학, 로봇 공학, AI 기술 등이 추구하는 목표는 각기 다르게 보이지만, 그 목표는 인간이 정복하지 못했던 질병과 결함과 장애의 정복이다. 신의 영역으로만 여겼던 생로병사를 인간이 통제하고 다스리는 시대가 오고 있는 것이다.

3. 인간, 인공지능을 창조하다

고대부터 신이 되고 싶었던 인간은 적어도 신과 같은 능력을 갖추기를 고대하였다.

그러나 인간은 자신의 힘으로 도저히 제어할 수도, 통제할 수도 없는 일이 너무나 많음을 경험을 통해 깨달았다. 풍년과 흉년, 다산과 단산, 인생의 길흉화복, 지진과 두려운 기후 변화 등은 신이 주는 복과 벌로 여겨져 왔다.

결국, 신의 무한한 능력과 권위 앞에서 인간은 신을 경배하고 제사해야만 했다. 자연과 세계를 지배하는 신은 인간이 도저히 상대할 수 없는 영적이며 신비로운 존재였다. 때로 신에게 대항해 보기도 하지만, 결국 인간은 신에게 복종해야 했다. 하나님께서는 주시고자 할 때 복을 주시고, 벌을 내리시고자 할 때 벌을 내리신다.

그런데, 마침내 인간이 신의 영역에 도전해 볼 만한 시대가 왔다. 도저히 넘볼 수 없던, 오직 신만이 할 수 있다고 여겨지던 일까지 할 수 있다는 믿음이 생기는 때가 온 것이다. 수천 년 동안 인간의 무의식 속에 잠재해 있었던 신으로부터, 기독교적으로 말하자면 창조주 하나님으로부터의 자유가 조금씩 현실화되고 있다.

바로 21세기 4차 산업혁명의 총아로 불리는 AI를 통해서 인간의 오랜 갈망이 실현될 채비를 조금씩 갖추고 있다. 컴퓨터 공학, 뇌 과학, 나노 기술, 로봇 공학, 인지 과학 등의 혁신적인 과학 기술 발전의 융합점은 바로 AI다.

물론, 이제 걸음마 단계를 지난 정도에 불과하지만 많은 인공지능 개발자와 전문가는 머지않아 사람의 지능을 뛰어넘는 초지능 AI(super intelligence, AI)가 탄생할 것으로 예측하고 있다. 많은 사람에게 제법 알려져 있고 사용되고 있는 챗GPT 역시 AI 기술이 있기에 가능한 대화형 AI 서비스다.

이 시점에서 기독교인들이 반드시 주목해야 할 것이 있는데, 현대 테크놀러지는 그저 인간의 일상적인 생활, 비즈니스, 산업 현장의 편리함과 실용성을 가져다주는 도구에 그치지 않는다는 사실이다. 즉, AI를 신앙적으로 이해하고자 할 때, 가장 먼저 하나님의 속성인 창조와 연결해서 지혜롭게 접근할 필요가 있다.

앞에서 말한 것처럼, 창조는 하나님께서 하신 그 어떤 일보다도 훨씬 뛰어난 작업이었다. 하나님은 혼돈하고 공허하며 흑암이 가득한 땅에 빛과 생명을 만드셨다. 이것은 그 누구도, 심지어 이 땅의 다른 어떤 신도 해낼 수 없을 뿐만 아니라, 흉내조차 낼 수 없는, 오직 만유의 주인 되시는 하나님만 하실 수 있는 일이다.

그런데 AI를 통해서 인간을 닮은, 더 나아가 인간을 초월할 수 있는 기계를 창조하는 것은 인간 복제와 더불어 하나님의 창조에 대한 가장 커다란 도전이다.

AI가 과학과 의료계에서 인간의 삶의 안녕과 더 건강한 삶을 위한 도구로 활용되는 수준이라면 누구나 그 발전을 환영해야 할 것이다. 밤에 잠을 자야 하는 인간 대신에, AI 상담사가 긴급한 사태에 직면한 환자의 전화를 대신 받아 일을 처리하거나, 큰불이 나서 도저히 인간이 들어갈 수 없는 상황에서 AI를 활용한다면, 걷잡을 수 없는 일들이 벌어지는 것을 막을 수 있을 것이다. 이 정도의 수준을 가지고 굳이 하나님의 '창조'와 비교할 필요가 없으며 호들갑을 떨 필요도 없을 것이다.

그러나 불행히도 인간이 개발하고자 하는 AI 기술은 그 정도에 머무르지 않을 가능성이 매우 크다. 현재의 기술 개발 정도와 방향을 지켜볼 때, AI는 인간의 통제를 받아, 인간이 시키는 일만 하는, 착하고 앙증맞은, 인간의 모습을 닮은 AI를 넘어서, 자율적으로 판단하고 느끼고 행동하는, 인간과 유사한 존재가 될 것이라는 우려가 큰 것이 사실이다.

이것이 기독교가 AI의 개발 방향과 속도를 경계심을 가지고 지켜보아야 할 필요성이 크게 대두되는 이유다.

AI는 단순한 기계가 아니다. AI는 인간처럼 말하고 생각하고 느끼며, 인간과 대화를 나누면서 소통이 가능한 하나의 생명체라고 할 수 있다. 비단 기독교적인 관점이 아니라 할지라도, 심지어 AI 기술자와 전문가들조차 AI가 인간과 유사한 생명을 가진 '신인류'로 진화할 가능성을 우려하고 두려워할 정도다.

4. AI, 인간이 만든 생명체

하나님께서 인간과 동식물을 만드실 때, 단지 하나의 생명체로만 만드시지 않으셨다.

하나님께서는 그들에게 생명을 주시고 생육하고 번성하여 충만하게 하셨다. 그중에서도 인간은 매우 특별하게 창조하셨다. 인간은 피조물 가운데 유일하게 창조주인 하나님을 닮았으며, 하나님께서는 직접 자신의 생기를 인간에게 불어넣으셨다.

> 여호와 하나님이 땅의 흙으로 사람을 지으시고 생기를 그 코에 불어넣으시니 사람이 생령이 되니라(창세기 2:7).

하나님의 생기를 받은 인간은 천사보다 조금 못한 존재로 하늘과 땅에 사는 모든 생물을 다스리도록 위임 받았다. 이처럼 창조는 생명과 밀접하게 연관된 것이다.

　지금까지 인류의 역사를 통해, 인간이 발명한 모든 것들은 말 그대로 기계였다. 인간의 삶을 풍요롭고 윤택하게 만들어 주는 것이 그들의 주요 기능이었다. 그것조차 스스로 하는 것이 아니라, 인간이 조작하거나 인간이 내린 명령에 따라서 실행에 옮길 뿐이었다. 아무리 업그레이드된 컴퓨터라 할지라도, 인간이 없으면 아무 쓸모 없는 기계 덩어리에 불과하다. 우리는 그러한 기계를 가리켜 '생명' 있는 기계라고는 말하지 않는다.

　반면, AI는 기존의 모든 인간이 발명한 것들과는 전혀 차원이 다르다. 앞에서도 언급한 바 있지만, 우리는 하나님께서 인간을 '발명'하셨다고 말하지 않는다. 하나님은 우리를 '창조'하셨다. 그만큼 창조라는 단어는 기존의 것과는 혁신적으로 다른, 달리 말하면, 살아 숨 쉬는 무언가를 담고 있다는 뉘앙스를 가지고 있다.

　마찬가지로 AI와 그 이전의 모든 발명품 사이에는 엄청난 차이가 있다. 인간이 슈퍼컴퓨터를 발명했고 스마트폰을 만들었다는 말은 전혀 이상하지 않다.

　그런데, AI를 발명했다고 하면 뭔가 어색한 느낌이다. 오히려, '창조'라는 단어가 좀 더 실감 나게 AI의 출현을 표현하는 것 같다. 자기 스스로 인식하고 분석하는 자율적 기계인 인공지능은 '인간의 모습을 가진 창조물'(humanoid creature)이라고 할 만하다. AI 개발은 창조적인 행위이며 더 나은 창조물을 만들어 낼 수 있다는 현대 과학의 자신감을 내포하고 있다.

　나아가 현대 과학 기술의 자신감은 결국, 창조주 하나님에 대한 피조물인 인간의 자신감의 표출이다. 인공지능의 창시자와 주창자들은 단지 인간을 위해 사용되는 테크놀러지를 발전시키고 있는 것이 아니라, 인간과 같은 자율적인 생명체를 창조하려는 욕구를 실현하고 있는 것이다.

이 시대를 마지막 때라고 한다. 성경은 "때와 시기는 아무도 모르고 오직 하나님 아버지만이 아신다"(행 1:7)고 말씀한다.

그러나 마지막 때의 징조가 하나둘씩 나타나고 있는 것 같다. 이 시대의 사람들은 하나님께서 분명하게 만드시고 정하신 성별까지 부인하고 여러 개의 성으로 만들어버렸다. 남녀가 결혼하여 한 가정을 이루어 자녀를 낳아 기르는 축복을 동성애자와 양성애자들의 가정으로 변질시켰다.

현재 그리고 다가올 미래에는 사회 문화적, 윤리적 이슈에 더해 과학 기술 분야에서 AI의 출현과 함께 마지막 때의 징조가 서서히 드러나고 있다고 본다.

창조주 하나님만이 하실 수 있는, 스스로 사고하고, 판단하며, 결정하는 생명의 창조를, 피조물인 인간이 인공지능을 통해서 시도하고 있다는 사실을 우리 기독교인은 분명히 인식하고 비판적으로 읽을 수 있어야 한다. 유발 하라리는 SBS와의 인터뷰에서 다음과 같이 말한 바 있다.

> 제가 '인간이 신이 된다'라고 말한 것은 은유가 아니라, 말 그대로입니다. 전통적으로 신만이 가지고 있다고 생각했던 신성한 능력들을 인간이 갖춰 가고 있습니다. 그중에서 특히 대표적인 능력이 바로 생명을 창조하는 능력인데요. 이제 인간이 인공지능과 생명 공학의 도움으로 직접 생명을 만들어 내고 창조하는 경지에 이르렀습니다.

필자는 하라리가 인간과 AI의 관계를 정확하게 보고 있다고 생각한다. 그는 AI를 단지 인간의 발명품이 아니라 생명을 가진 사물로 보면서, 신만이 가진 능력과 영역에 대해서 인간이 과감하게 도전하고 있다고 이해하고 있다.

한마디로, 인간은 상상의 세계에만 존재하던 온갖 기계를 만드는 차원을 뛰어넘어, 생명을 창조하는 능력까지 소유하려 하고 있는 것이다.

이러한 생각을 하는 이들은 비단 하라리뿐만이 아니다. 맨하탄대학교 종교학 교수인 로버트 게라시(Robert M. Geraci) 역시 종교, 과학 그리고 예술 분야에서 인간이 가장 소중하게 품어온 꿈 중의 하나가 인간과 유사한 생명을 창조하는 것이라고 지적하면서, 현대의 로봇 테크놀러지는 이러한 흐름을 이어오고 있는 것이라고 보았다. 현대인들은 로봇과 AI가 이러한 인간의 오래된 꿈을 가장 확실하게 실현해 줄 것이라고 믿고 있다는 것이다.

세인트존스대학교의 신학과 컴퓨터 공학 교수인 노린 헐즈펠드(Noreen Herzfeld)는 "인공지능의 목표는 우리의 형상을 닮은 '다른 것'을 창조하는 것"이라고 말한 바 있다.

위에서 예로 든, 여러 학자의 견해를 종합해 보면, AI는 인간과 유사한 생명체를 창조하려는 인간 욕망의 결실이라고 할 수 있을 것이다.

믿음의 눈으로 보았을 때, 이러한 인간의 시도는 하나님의 생명 창조에 대한 절대적인 침해다. 하나님께서 인간을 비롯한 만물을 창조하실 때에는 생명만 부여한 것이 아니라, 생명의 끝날 때도 정하셨다. 전도서 말씀을 기억하자.

> 천하에 범사가 기한이 있고 모든 목적이 이룰 때가 있나니 날 때가 있고 죽을 때가 있으며 심을 때가 있고 심은 것을 뽑을 때가 있으며 죽일 때가 있고 치료 시킬 때가 있으며 헐 때가 있고 세울 때가 있으며 울 때가 있고 웃을 때가 있으며 슬퍼할 때가 있고 춤출 때가 있으며(전도서 3:1-4).

인간이 AI를 만들어서 영원한 생명체를 만들려는 욕망은 하나님께서 정하신 인간의 다양한 삶의 모습을 거부하는 것에 다름 아니다. 즉, 하나님께서 창조하신 인간의 본성과 섭리에 대해서 저지르는 죄다. 나중에 다루겠지만, 가까운 미래에 하나님의 창조물인 인간과 인간의 창조물인 인공지능을 장착한 인간 기계가 한 몸에서 함께 살아가는 시대가 도래하게 될 것이다. 예전의 인기 TV 영화 시리즈의 주인공인 '6백만 불의 사나이'나 '소머즈'가 거리마다 넘쳐나게 되는 것이다.

AI 시대에 우리 교회와 그리스도인이 정신을 똑바로 차려야 한다. '설마 그런 일들이 벌어질까' 하다가, 서서히 아주 작은 곳에서 시작하여 마침내는 거리에 쏟아져 나와 활개 치는, 인간의 피조물인 AI 로봇과 인간이 공생해야 하는 날이 올 것이다.

그리고 끝내는 교회에서도 인간보다 찬양하고 기도하는 AI 로봇을 더 많이 쉽게 볼 수 있는 끔찍한 날이 다가오고 있다면, 이게 종말의 모습이 아닐까?

소그룹 토론을 위한 질문

1) 2장에서 가장 인상 깊었던 내용은 무엇이며, 그 이유는 무엇인가?

2) 인간의 AI 창조를 하나님과 인간의 창조에 비유해서 말하고 있다. 이에 대한 당신의 생각은?

3) AI를 인간이 만든 다른 어떤 것과 달리 '생명체'로 보고 있다. 당신이 필자라면 이 부분을 어떤 관점으로 볼 것이며, 어떻게 다르게 쓸 것인가?

제3장

우상: AI 신에게 잡아먹힌 인간

언제부터인가 A 집사의 하루는 편안해졌다. 운전이 서툴러 집을 나선 후 귀가할 때까지 긴장되고 불안했지만, AI 덕분에 모든 염려로부터 자유로워진 느낌이었다. AI가 안전하게 운전해 주지, AI 스마트폰이 이전보다 훨씬 더 좋아져서 온종일 스케줄과 건강 관리까지 해 주는 것은 물론, 여유 있는 시간에는 AI 비서와 장난치면서 최근에 본 영화 얘기를 나누느라 심심할 겨를이 없다.

바쁘기도 하지만, 친구가 별로 없어 종종 외롭다는 느낌이 들어 삶이 힘들고 빡빡하다고 생각했는데, A 집사의 하루는 즐겁기만 하다. 늘 자기를 따라다니는 AI는 A 집사의 든든한 친구이자 대화 상대다.

집에 돌아와도 AI가 반갑게 맞아준다.

"어서 오세요. 오늘도 수고 많으셨어요. 피곤하실 것 같아 목욕물 받아 놓았어요. 따뜻하게 몸을 녹이세요."

"땡큐! 내 친구, AI 돌봄이! 잘 있었지!"

차 안에서 미리 AI 돌봄이에게 목욕물을 받아달라고 했더니 척척이다. 딱히 결혼할 필요성을 느끼지 않은 A 집사는 아직도 싱글인 채, 아무런 불편을 느끼지 못하며 살고 있다.

저녁을 먹은 후, AI 스마트 스크린이 띄워주는 뉴스와 영화를 본 A 집사는 이번 주일 오전 예배 기도 순서를 맡은 것이 떠올랐다. 컴퓨터를 켠다.

그리고 이렇게 말한다.

"이번 주 기도문 좀 작성해 줘. 주일 오전 예배, 300명 정도 참석, 이슈는 하나님께 감사, 교회 AI 시스템 완비, 믿음과 사랑 강조 그리고 흠… 또 뭐가 있을까?

우리 교회 잘 알지?

한 장 정도 근사하게 만들어 줘. 땡큐!"

1. 우상, 하나님께서 가장 싫어하시는 것

제1장에서 살펴보았듯이, 하나님께서는 천지 만물을 창조하신 창조주 하나님이시다. 오직 하나님 한 분만이 창조주이시며, 천지 만물을 다스리시는 참 신이시다.

기독교에서 말하는 하나님은 그런 분이시다. 그 어떤 종교, 어느 민족이 섬기는 신들과는 전혀 비교조차 되지 않는 분이시다. 우리 그리스도인은 이 명백한 진리를 믿음으로 고백한다.

하나님 외에 다른 신을 섬기거나 종교의 신을 하나님의 자리에 두는 것은 있을 수 없는 일이다. 기독교가 이것을 포기한다면 더이상 기독교가 아니다.

당연히, 하나님께서 제일 싫어하시는 일은 우리가 하나님 외에 다른 신을 믿고 예배하며 경배하는 것이다. 하나님께서는 오직 한 분 당신만이 피조물로부터 영광과 존귀와 찬양을 받기를 원하신다.

하나님께서 모세에게 친히 작성하여 주신 십계명 중 첫째와 둘째 계명은 이것을 분명하게 알려주고 있다.

> 너는 나 외에는 다른 신들을 네게 두지 말라 너를 위하여 새긴 우상을 만들지 말고 또 위로 하늘에 있는 것이나 아래로 땅에 있는 것이나 땅 아래 물속에 있는 것의 어떤 형상도 만들지 말며 그것들에게 절하지 말라 나 네 하나님 여호와는 질투하는 하나님인즉 나를 미워하는 자의 죄를 갚되 아버지로부터 아들에게로 삼사대까지 이르게 하거니와(출애굽기 20:3-5).

시대를 막론하고 하나님께서는 인간이 만드는 '우상'과 예배의 대상이 되는 '형상'을 만드는 것을 가장 큰 죄악으로 여기셨다. 성경에서, 특히 구약에서 하나님과 이스라엘 백성의 관계에서 끊임없이 등장하는 것이 바로 우상 문제였다. 이스라엘이 북이스라엘과 남유다로 갈라지고, 결국 멸망하게 된 가장 근본적인 원인 역시 다름 아닌 우상이었다.

물론, 하나님에 대한 불순종이 그들의 궁극적인 죄였지만, 그들의 불순종은 우상 숭배를 통해서 드러났다. 하나님께서는 이사야와 예레미야와 같은 선지자들을 보내셔서 계속 이 부분을 지적하고 계신다.

> 우상을 만드는 자는 다 허망하도다 그들이 원하는 것들은 무익한 것이거늘 그것들의 증인들은 보지도 못하며 알지도 못하니 그러므로 수치를 당하리라 신상을 만들며 무익한 우상을 부어 만든 자가 누구냐 보라 그와 같은 무리들이 다수치를 당할 것이라 그 대장장이들은 사람일 뿐이라 그들이 다 모여 서서 두려워하며 함께 수치를 당할 것이니라(이사야 44:9-10).

이스라엘은 어리석고 목이 곧은 백성들이었다. 그들은 기회만 되면 하나님을 떠나서 바알, 아세라, 몰렉 등 이방신들을 섬기는가 하면, 온갖 신들의 우상을 만들어 제사하며 자식을 불태워 갖다 바치는 등 하나님께서 가장 저주시는 일을 서슴지 않고 저질렀다.

반면, 당연하게도 우상들은 이스라엘을 환난과 전쟁에서 구원해 주지 못했다. 이 땅 위에 어떤 다른 신이 아닌, 오직 창조주이신 하나님만이 구원자이시다.

여기서 분명히 기억해야 할 것은, 우상과의 싸움은 아주 오래전 이스라엘뿐 아니라, 21세기를 살아가는 우리에게도 여전히 적용되는 유혹이라는 사실이다. 우리 시대에도 헤아릴 수 없이 많은 우상과 거짓 신이 있다.

오죽하면 일본에는 사람 수보다 그들이 만든 신의 숫자가 더 많다고 하겠는가?

눈에 보이는 우상들과 싸움도 매우 중요하지만, 최첨단 과학 기술 시대에 우리가 직면하는 또 다른 우상이 있다. 바로 4차 산업혁명을 이끄는 다양한 테크놀러지이며, 그들 가운데 AI 기술이 최첨단에 서 있는 것이다.

2. 테크놀러지가 우상이 될 수 있을까?

앞의 가상 사례를 읽고 어떤 느낌이 드는가?

아침에 눈 뜰 때부터 잠자리에 들 때까지, A 집사와 온종일 함께하는 것은 사람이 아니라 AI다. 사람과는 업무상 꼭 필요한 만남과 대화를 할 뿐, 막상 중요한 하루의 동반자는 AI인 것이다.

현실과 동떨어진 허무맹랑한 가상의 일이라고 치부해버릴 것인가?

10년 전이면 그럴 만도 했다. 아니, 알파고가 이세돌 9단을 허무하게 제압해 버렸던 2016년만 해도 그럴 수 있을 것이다.

그러나 이제는 더이상 A 집사의 하루는 터무니없는 가상 소설이 아니다. 인간이 예측했던 것보다 AI 기술이 훨씬 빠른 속도로 발달해 가고 있다. 2024년 현재를 기준으로 한다면, A 집사의 하루는 이르면 5년 뒤 현실화할 수 있을 것이다.

그때가 되면 하루 24시간 중 AI와 함께하는 시간은 우리가 예상한 것보다 훨씬 더 많을 것이다. '사물 인터넷'은 이미 한물간 얘기가 되었고, 이제 '사물 AI' 시대가 도래하고 있다. 가히 AI는 인간이 전적으로 의지할 만한 우상과 같은 존재가 되는 것이다.

그렇다면, AI를 이 시대의 최고의 우상으로 부를 수 있을까?

얼마 전에 하나님의 품으로 돌아간 팀 켈러 목사는 『내가 만든 신』에서 "우리가 사는 세상이 비종교적인 것 같아도, 우리 마음은 사실 이 시대의 화려한 각종 우상이 지배하고 있다"라고 말한 바 있다. 그가 말한 것처럼, 우리는 김일성 동상이나 호치민 미라처럼 눈에 보이는 우상만 아니라, 비록 눈에 보이지는 않지만, 우리 마음을 지배하는 많은 우상에 둘러싸여 있다.

같은 책에서 팀 켈러 목사는 "우상이 우리 마음을 장악하면 결국은 성공과 실패와 행복과 슬픔의 정의가 몽땅 변질한 나머지, 현실은 우상의 기준대로 되어간다"고 말하면서, 우리 각자가 만들고 있는 우상의 위협을 경계해야 한다고 지적한다.

독자들 가운데는 AI에 대하여 다루고 있는데, 생뚱맞게 '왜 우상에 대해서 말하고 있는지' 고개를 갸우뚱하는 분도 있을 것이다. 그냥 AI를 4차 혁명이 만들어 낸 혁명적인 도구로만 인식한 채, 마음껏 활용하면 되지 않느냐고 반문할 수 있지만, 사실은 그렇지 않을 것이라는 게 문제다.

팀 켈러 목사가 말한 것과 비슷한 이유에서다.

과연 AI를 우상이라는 종교적 관점에서 볼 필요가 있을까?

너무 과한 반응이 아닐까?

종교적 시각으로 인공지능을 이해하기 위해서는 무엇보다 먼저 테크놀러지가 종교의 요소를 가지고 있느냐 하는 점을 살펴볼 필요가 있다.

사실, 겉으로 드러나는 측면만 보았을 때, 테크놀러지 자체가 직접 종교적인 요소들을 가지고 있다고 보기는 어렵다. 테크놀러지는 현대 과학의 발전 산물이지 기술 자체가 종교적인 헌신, 예배, 신앙 및 영적인 훈련 등의 목적이 있거나 직접적인 대상은 아니기 때문이다.

예를 들어, 스마트폰은 현대 기술이 가져온 매우 유용한 기기다. 스마트폰이 없다면, 당장에 급하게 연락할 일이 있거나, 필요한 정보가 있을 때 해결할 길이 없을 수 있다. 화장실에 갇혔다가 구사일생으로 구출된 사람들의 이야기를 떠올리면 쉽게 이해가 간다. 스마트폰이 없었다면 내내 화장실에 갇힌 채, 목숨을 잃는 등 예기치 않은 사고가 일어날 수도 있었을 것이다.

우리는 스마트폰을 매우 편리하게 사용할 뿐이지, 그것에 예배드린다거나 경배하지는 않는다. 따라서, 좁은 의미로 종교가 가지는 형식적인 측면에 국한해서 생각해 보면 테크놀러지에서 종교적인 의미를 찾는 것은 무의미하다고 볼 수 있을 것이다.

반면, 종교가 가지는 형식적인 요소에서 잠깐 벗어나 살펴보면 테크놀러지가 종교적인 현상을 불러일으킬 수도 있다는 사실을 발견하게 된다. 미국 게럿 복음주의신학교의 기독교 사회윤리학 은퇴 교수인 브렌트 워터스(Brent Waters)는 종교라는 말보다는, "테크놀러지가 많은 사람 혹은 적어도 현대인들의 지배적인 신앙인가?"라는 질문이 더욱 적절하다고 지적한다.

그는 테크놀러지가 현대인들 삶의 거의 모든 구석구석에 영향을 미치고 있으며 현대인들은 무의식적으로 테크놀러지에 막연한 신뢰와 확신이 있다고 보았다. 테크놀러지가 우상과 신앙의 대상이 되고 있으며, 테크놀러지에 대한 신앙은 우리의 생각과 희망을 왜곡하여 하나님에 대한 우리의 사랑을 빼앗아갈 수 있다고 비판적으로 말하고 있다.

필자는 워터스 교수의 지적에 공감한다. 필자가 이 책에서 말하고자 하는 핵심은 AI 테크놀러지가 현대인들의 삶의 구석구석에 매우 막대한 영향을 미치고 있으며, AI 개발에 앞다투어 열을 내는 현대인들에게 우상과 신앙의 대상이 되고 있다는 것이다.

따라서, 4차 산업혁명 시대를 살아가는 교회와 기독교인들은 신과 같은 능력을 보여 주고 있는 과학과 테크놀러지의 가장 첨예한 분야인 AI를 기독교에서 말하는 우상과 연결 지어서 이해할 수 있는 지혜가 필요하다.

3. 인간과 테크놀러지의 융합, AI 우상의 출현!

2024년 1월 미국 네바다주 라스베이거스 컨벤션센터에 모인 사람들은 매우 흥미진진하고 눈빛으로, 때로는 경이로운 표정을 지으면서 감탄사를 연발하고 있었다. 바로 세계 최대의 가전 및 정보 기술 전시회인 'CES 2024'가 열리고 있었던 것이다. 해마다 세계의 많은 나라에서 각 회사가 개발한 온갖 신제품을 소개하는 이 전시회의 올해 최대 화두는 단연 AI다. AI를 활용하지 않으면 사람들의 관심조차 끌 수 없을 정도로, 거의 모든 제품은 AI를 활용한 최첨단 기술을 선보이고 있었다.

특히, AI 로봇이 대거 등장했다고 한다. AI 로봇들은 사람처럼 스스로 학습하고, 움직이고, 행동하고, 판단하는 능력을 보여 주고 있다. 한국로봇융합연구 역시 로봇에 AI 두뇌를 심어 스스로 소통하며 걷는 휴머노이드 로봇 개발에 몰두하고 있다.

또한, 로봇 이외에도 AI 전자 제품, AI 자동차, AI 안경, AI 유모차, 심지어 AI 베개에다가 AI 의수, AI 아바타까지…거의 모든 제품에 AI가 스며들고 있다. 2022년 오픈마인드사가 개발한 챗GPT가 알파고 이후 잠시 잠잠했던 세상을 뒤집어 놓은 이후, AI 광풍이 휘몰아치고 있다.

AI의 놀라운 발전 속도와 능력을 보면서, 전문가나 비전문가나 할 것 없이, 앞으로 AI가 인간을 지배하게 될 것을 우려하는 사람이 많다. AI 개발자나 전문가들조차 전혀 상상하기 어려울 정도의 하루가 다르게 초고속으로 발전에 발전을 거듭하는 상황에서 경이감을 넘어 두려움을 느끼는 것도 무리가 아닐 것이다.

오픈AI 최고경영자인 샘 알트만은 다보스포럼에서 "인공일반지능(AGI)[1] 개발이 다가올수록 전 세계는 위험, 스트레스, 긴장 수위는 모두 올라갈 것"이라고 말했다.

이런 우려가 아직은 비현실적이라는 게 대다수 전문가의 의견이다. AI가 대중들에게 널리 알려진 지는 불과 2년 정도밖에 되지 않았으며, 아직도 가야 할 길이 멀다고 믿기 때문이다. 지금은 단지 AI가 우리들의 생활과 산업 현장에 얼마나 유용하게 사용될 수 있는지에 초점을 맞추는 게 더 필요하다는 것이다.

그러나 교회와 그리스도인은 인류 역사상 유례가 없는 AI의 출현과 AI가 가져올 미래의 모습을 단지 낙관적으로만 보거나, 세상 사람들처럼 AI가 가져다주는 편리함과 속도감에 열광만 하고 있어선 안 된다. 아직은 걸음마 단계인 AI에 대한 지나친 경계는 기우에 불과할 수도 있지만, AI가 기독교에 몰고 올 파장에 주의 깊게 대처할 수 있는 영적인 예민함이 교회와 그리스도인들에게 매우 필요하다는 얘기다.

AI는 그저 과학 기술계가 만들어 낸 혁신적인 기계에 그치는 것이 아니라, 인간의 삶의 구석구석을 통제하고 지배하는 하나의 우상으로 발전할

---

[1] 인공일반지능(Artificial General Intelligence)이란 인간과 유사한 수준의 지능을 가진 AI를 뜻한다. 일부 AI 개발자와 전문가들은 앞으로 5-10년 사이에 AGI가 실현될 것으로 예측한다.

가능성이 매우 크다고 본다. 그만큼 AI는 우리의 일상을 급격하게 바꿀 수 있는 위력을 지녔다.

유명한 AI 기업인 딥마인드의 공동창업자였던 무스타파 슐레이만은 최근 저술한 『더 커밍 웨이브』(The Coming Wave)에서 AI가 가져올 엄청난 물결을 성경에 나오는 노아의 방주 사건과 공룡을 멸종시켰던 소행성의 지구 충돌과 비교하고 있다. 그는 최근 국내 일간지와의 인터뷰에서 AI에 제대로 대응하지 않으면 인류에게 쓰나미가 될 수도 있다고 경고하였다.

이광형 KAIST 총장은 AI를 불의 발견과 버금가는 것이라고 말하였으며, 최양희 한림대 총장 역시 AI가 세계 질서를 근본적으로 바꿀 수 있으므로 AI 문명 전환에 대한 진지한 논의가 있어야만 한다고 강조하였다.

이렇게 볼 때, AI는 아담과 하와로부터 이어지는 인간의 내면 가장 밑바닥에 깔린 신처럼 되고자 하는 인간의 욕구와 신에 대한 인간의 도전을 가장할 수 있게 만드는 도구로 사용될 가능성이 농후하다.

그렇다면 하나님은 왜 그렇게도 우상에 대해서 경계하셨으며, 하나님의 경계는 AI와 어떻게 연관되는가?

4. 하나님을 떠나게 할 우상, AI

테크놀러지가 지배하는 이 세상에서 교회와 그리스도인들은 분명한 기독교적인 시각으로 테크놀러지를 지혜롭게 활용해야 한다.

4차 혁명이 불러일으킬 혁명적인 테크놀러지들이 과연 인류에게 축복인가, 아니면 재앙이 될 것인지에 대하여 다양한 목소리가 있다. 당연하게 들리겠지만, 모든 테크놀러지를 축복 아니면 재앙이란 엄격한 이분법적인 사고로 이해할 필요는 없다. 우리의 일상과 산업 현장에 그리고 심지어 교회에도 유익한 서비스를 제공해 주기 때문이다.

다만, 이전 세대들이 전혀 경험해 보지 못한 초미의 이슈인 AI에 대해서만큼은 매우 조심스럽게 접근해야 한다.

이 책의 여러 장에서 반복해서 강조하고 있기는 하지만, 이전의 인간의 발명품과는 전혀 다르게, AI는 인간만이 할 수 있는 일이라고 믿어 온 영역에서 인간과 유사한, 때로는 인간을 초월한 능력을 갖출 수 있기 때문이다. 그뿐만 아니라, 인간들은 AI를 통해서 하나님만이 하실 수 있는 영역에 더욱 깊이 손을 대고 있으며, 그럴수록 인간은 하나님에게서 멀어지게 될 것이다.

AI 개발자들이나 연구가들이 매우 빠른 속도로 AI 개발에 열을 내는 중이다. AI 제품들이 상업적으로 막대한 이익을 가져다 줄 것이기 때문이다. 앞으로 AI가 아니면 사람들은 구매는커녕 관심조차 가지지 않을 것이 뻔하다. AI가 사람들의 관심을 끌기 시작한 지 불과 2년여 밖에 되지 않았지만, 이미 AI 제품들이 쏟아져 나오고 있다. 그리고 그들은 더욱 완벽하게 개발된 AI와 AI 로봇들이 인류의 삶을 더 풍요롭게 해 줄 것이라고 주장한다.

결국, AI 테크놀러지는 인간의, 인간을 위한, 인간에 의해서 연구되고, 만들어지고 있다.

신학자이자 목회자로서 필자는 AI 개발을 통하여 '인간의, 인간에 의한, 인간을 위한' 인간의 자기 숭배 도구인 AI가 언젠가는 우상의 자리까지 올라갈 것이라고 확신한다.

『호모 데우스』(*Homo Deus*)의 저자로 잘 알려진 유발 하라리 교수는 현 인류가 미래에 AI 같은 과학 기술의 도움으로 신적인 존재인 '호모 데우스'가 될 것으로 예상했다.

필자는 오히려 AI 자체가 신이 될 가능성도 충분히 있다고 본다. AI가 성경에서 말하는 우상의 조건들을 충분히 갖추고 있기 때문이다.

AI는 하나님을 아예 잊어버리고 그분을 떠나 부패한 현대 인간들이 과학 기술의 이름으로 만든 것이며, 인간은 AI가 만드는 생활 양식과 습관을 미래의 문화라는 미명으로 포장하고 있는 셈이다.

> 스스로 지혜 있다 하나 어리석게 되어 썩어지지 아니하는 하나님의 영광을 썩어질 사람과 새와 짐승과 기어다니는 동물 모양의 우상으로 바꾸었느니라(로마서 1:22-23).

또한, 인간들은 자기들의 형상을 닮은 AI 인간 로봇을 대량 생산하여 하나님의 말씀과 창조의 손길이 닿아있는 세상 곳곳에서 AI라는 우상의 능력을 볼 수 있도록 하고 있다. 인간들은 인간이 창조한 AI가 만들고, 보여주고, 답해주는 세상을 그대로 수용하고 따르게 될 것이다.

이스라엘 백성들이 이방 신들을 우상으로 여기며 풍요와 다산을 구했듯이, 21세기의 인간들 역시 AI에 대한 의존도가 갈수록 높아질 수밖에 없게 될 것이다.

국내의 대표적인 AI 연구자인 이홍락 박사는 "AI가 스스로 알아서 인간의 삶의 질을 높여주는 기술과 제품들이 하나씩 단계별로 나오고 있다"고 말하기도 하였다.

이것은 피조물을 하나님처럼 섬기는 것과 다름없다.

> 이는 그들이 하나님의 진리를 거짓 것으로 바꾸어 피조물을 조물주보다 더 경배하고 섬김이라 주는 곧 영원히 찬양할 이시로다. 아멘(로마서 1:25).

그리고 AI가 더욱 발달할수록, 인간은 하나님에게서 멀어지고 말 것이다. 더이상 하나님의 은혜와 사랑과 돌봄을 갈망하지 않게 되는 것이다.

더욱 우려되는 것은 하나님을 믿고 예배하는 그리스도인들조차 하나님께 기도하기보다는, AI에게 묻고 그것이 주는 해결책을 더 신뢰하게 되는 우상 숭배 같은 일들이 벌어질지도 모르는 일이다.

따라서, 창조자이며 구원자이신 하나님을 믿고 따르는 교회와 그리스도인들은 AI를 중심으로 한 4차 산업혁명을 성경적이고 기독교적인 관점에서 볼 수 있는 AI 리터러시, 즉, AI에 대한 건강한 이해도를 높여야 하는 시점에 와 있다. 과학 기술의 발전 속도와 방향은 이전 세대의 그것과는 전혀 다른 차원으로 진행되고 있다.

지금까지의 과학 기술계의 발명품들이 제아무리 위대하고 인류의 삶의 모습을 바꾸어 놓았다고 하더라도, 현재진행형인 AI와는 비교조차 되지 않을 것이다. AI 시대는 다름 아닌 AI 로봇이 인류와 공생하는 시대가 되는 것이다.

테크놀러지의 긍정적인 면들은 우리 교회와 그리스도인들도 수용해야만 한다. 다만, 기독교의 영성을 가지고 AI가 인간 기술의 발명품에서 인간이 섬길 우상으로 진행되지 않는지 지켜보아야만 한다.

하나님은 교회와 그리스도인들을 이 시대의 파수꾼으로 세우셨다.

소그룹 토론을 위한 질문

1) 이 책을 읽는 동안에 우상에 대해 달라진 관점이 있는가?
   이전과 생각이 달라졌다면, 어떻게 달라졌는가?

2) 테크놀러지와 AI가 우상이 될 수 있다는 저자의 견해에 대한
   당신의 생각은 무엇인가?
   동의하는 부분과 그렇지 않은 부분은 각각 무엇인가?

3) 그리스도인으로서 챗GPT나 AI에 대한 의존도와 하나님과의
   관계의 연관성을 이야기해 보자.

제4장

답을 주는 AI와 애매모호한 하나님
(기도보다는 챗GPT!)

AI가 교회와 교인들의 신앙생활에 끼칠 수 있는 부정적인 영향 중의 하나는 기도다.

기도는 그리스도인의 생명줄이다. 하나님과의 긴밀한 교제이며 영적인 친교의 자리인 것이다. 그 자리에 AI가 들어와, 그리스도인과 하나님의 친밀한 관계를 방해할 수 있는 여지가 충분히 있다고 필자는 예상한다.

아마 다음과 같은 교인과 AI의 가상 기도 대화가 가능하지 않을까?

A 집사: 요즘 내가 영 기운이 없고, 일도 안 풀리고, 마음이 우울하고 의욕도 없어. 내가 어떻게 해야 할까?
일도 잘 안 풀리고, 교회 생활도 예전처럼 열심히 못 하고, 신앙생활이 뒤죽박죽된 거 같아. 나이는 먹어가는데.
참, 나는 올해. 35세, 남자고, 결혼한 지 3년쯤 되었고, 아이는 아직 없단다. 직업은 테크노 회사의 기술팀 팀장, 종교는 기독교야.
나에게 힘을 좀 줬으면 좋겠어, 내가 어떻게 해야 할지 좀 알려줘. 내가 이렇게 간절히 기도하잖아.
AI: 반가워요. 또 찾아오셨네요. 저에게 알려주신 키워드와 내용을 볼 때 30대 남성 직장인들 사이에서 나타나는 일반적인 증상이라고 할 수 있을 거 같아요. 너무 염려하지 않아도 될 것 같고요. 아마도 직장에서 차지하는 위치상 스트레스를 받는 것 같아요.

기독교인들이 소중하게 여기는 성경에 보면, 무엇이든지 염려하지 말고 하나님께서 하시는 일을 믿으라고 되어 있거든요. 기독교의 하나님이 도와주실 거에요.

A 집사: 어쩜, 그리 내 마음을 콕 집어서 말해 줄 수 있지? 고마워. 큰 힘이 되었어. 내가 요즘 스트레스를 좀 받는 모양이야. AI가 말한 대로 하나님께서 도와주시겠지.

AI: 언제든지 저에게 도움을 청하세요. 다음에 좀 더 구체적으로 간구해 보시면 더 명쾌한 답을 찾아 드릴게요.

A 집사: 고마워. 역시 AI는 빠르고 간편하고 속이 후련해서 좋아. 다음에도 힘들고 어려우면 너에게 와서 기도할게.

1. 기도, 그리스도인의 호흡이자 영적 생명

대부분 그리스도인은 기도한다. 잠깐 눈만 감았다 뜨거나, 30분, 때로는 한 시간 이상 기도한다. 조용히 마음속으로 할 때가 있고, 때로는 소리 높여 울면서 부르짖는 기도를 하기도 한다.

이 모든 형태의 기도의 공통점은 피조물인 인간이 무한한 능력을 갖춘 하나님께 마음의 답답함과 어려운 문제를 내려놓는 것이다. 기도를 통해서 우리는 막막한 인생에서 갈 길과 할 일을 보여 주시는 하나님의 나침반을 만나게 된다.

A. W. 토저는 "기도는 우주에서 가장 강력한 힘일 뿐만 아니라, 하나님의 자녀들이 사용할 수 있는 무기다. 나는 기도하지 않는 75세인 사람보다 기도하는 25세인 사람의 지혜를 더 신뢰한다"라고 말했고, 가이 리처드는

기도의 본질에 대하여 "기도는 관계의 접착제다. 기도할 때 우리는 하나님과의 진정한 친밀감을 경험한다. 하나님과의 관계가 더 단단해진다"라고 말하기도 하였다.

이렇듯 그리스도인은 기도를 통해 위로를 얻는다. 기도를 통하여 하나님을 만난다. 그래서 흔히 기도는 하나님을 만나고 하나님과 소통하는 가장 중요한 통로라고 말한다. 기도 없는 그리스도인의 삶이나 신앙생활은 상상조차 하기 힘들다.

아니, 기도 없는 신앙생활은 불가능하다. 기도를 통하여 우리의 영적 생활이 윤택해지는 것이다.

성경은 우리에게 기도를 왜 해야 하며, 왜 중요한지에 관해 거듭 알려주고 있다.

> 구하라 그러면 너희에게 주실 것이요 찾으라 그러면 찾을 것이요 문을 두드리라 그러면 너희에게 열릴 것이니 구하는 이마다 얻을 것이요 찾는 이가 찾을 것이요 두드리는 이에게 열릴 것이니라(마태복음 7:7-8).

> 아무것도 염려하지 말고 오직 모든 일에 기도와 간구로, 너희 구할 것을 감사함으로 하나님께 아뢰라 그리하면 모든 지각에 뛰어난 하나님의 평강이 그리스도 예수 안에서 너희 마음과 생각을 지키시리라(빌립보서 4:6-7).

> 너희는 내게 부르짖으며 와서 내게 기도하면 내가 너희를 들을 것이요(예레미야 29:12).

> 여호와께서는 자기에게 간구하는 모든 자 곧 진실하게 간구하는 모든 자에게 가까이 하시는도다(시편 145:18).

하나님께서는 그분을 찾는 자들을 기뻐하신다. 하나님께 나와 간절하게 간구하는 자의 외치는 소리를 들으신다. 한국 교회는 세계 어느 나라보다도 기도 생활을 강조해 왔다. 매일 새벽기도회, 금요철야기도회, 그 밖에 특별기도회 등등. 기도의 열심은 세계 교회로부터 유별나다는 소리를 들을 만큼 독특한 한국 교회의 특성이었다.

물론, 기도에 너무 지나치게 의존하거나 신유나 기적과 같은 신비적 측면에만 초점을 맞추는 이단들이 있지만, 한국 교회는 기도를 먹고 여기까지 왔다고 해도 과언이 아니다. 기도하지 않는 그리스도인은 영적 호흡이 끊어지는 것이며, 기도 소리가 나지 않는 교회는 생명 없는 목석과도 같은 교회가 되고 만다.

> 기도를 항상 힘쓰고 기도에 감사함으로 깨어 있으라(골로새서 4:2).

그런데 한국 교회와 그리스도인들은 AI 시대를 맞이하여 기도가 위기를 맞을 가능성이 다분히 있음을 간과해서는 안 된다. 교회가 AI를 경계하지 않을 수 없는 것 중의 하나로 기도를 빼놓을 수 없다.

왜 그런가?

언뜻 보기에는 AI와 기도가 별 연관성이 없어 보인다.

AI가 기도 생활의 큰 장애물이 될 수 있을 것으로 보이는 이유는 무엇인가?

너무 성급하고 지나친 경계가 아니냐는 질문을 던질 수도 있을 것이다.

그러나 기도와 AI의 속성을 인간 욕구의 관점에서 이해하면 고개가 끄덕여질 것이다.

기도뿐만 아니라, AI는 이 책에서 다루고 있는 다양한 측면들 외에도 다방면으로 교회와 그리스도인들의 신앙생활에 엄청난 변화를 몰고 올 것으로 예측된다. 더구나 그러한 변화는 긍정적인 측면보다는 매우 부정적인 방향으로 진행될 것이다.

2. 명쾌한 답을 즉각 주는 AI

AI가 기도 생활에 부정적인 영향을 미칠 가능성이 매우 큰 이유 가운데 하나는 인간의 본성과 밀접한 관련이 있다. 인간이란 '기다림,' '느림,' '불편함'보다는 '즉시성,' '빠름' 그리고 '편리함'을 훨씬 선호하는 경향이 있기 때문이다.

특히, 21세기를 살아가는 현대인들에게는 이런 성향이 더욱 크게 자리 잡아가고 있다. 우리 시대의 혁명적인 과학 기술이 만들어 내는 제품들을 보면 우리는 '빠름,' '즉시성' 그리고 '편함'이 얼마나 중요한 가치인지 쉽게 알아차릴 수 있다.

지난 1년 사이에 가장 커다란 화두로 떠오른 챗GPT를 생각해 보자.

오픈AI가 출시한 챗GPT에 그렇게 많은 사람이 놀라며 큰 관심을 끌게 된 것은, 인간이 도저히 할 수 없는 엄청난 속도로, 많은 양의 지식을 조합해서, 필요한 정보를 즉시 만들어서 제공한다는 데 있다. 너무나 편하다. 많은 시간을 들여 산적한 자료를 일일이 뒤적이지 않아도 된다.

물론, 많은 오류도 발생하고 있지만, 아직 초기 단계라는 점을 고려하면 놀라운 일이 아닐 수 없다. 게다가 단지 정보 제공뿐 아니라, 시, 소설, 그림, 동영상 등 다양한 콘텐츠를 제공해 주는 생성형 AI로 세상 사람들에게 흥분과 두려움을 동시에 안겨 주고 있다. 최근에는 사람이 쓴 글을 토대로 높은 화질의 영상을 몇 초 만에 만들어 주는 기능까지 만들어졌다고 한다.

예를 들면, 다음과 같은 문장을 적었다고 해 보자.

> 예수님께서 오늘도 제자들과 함께 갈릴리 바닷가를 거닐었다. 해가 뉘엿 뉘엿 지는 바닷가에서 예수께서는 그들에게 말씀을 전하며 담소를 나누고 있었다. 제자들 외에도 많은 사람이 놀라운 표정으로 예수님의 말씀을 듣고 있었다.

지금까지는 위의 문장으로 동영상을 만들려면 제법 많은 시간을 투자를 해야 했다. 영상 장비는 물론 전문 기술자와 등장인물도 필요하다. 그 밖에 이런저런 자질구레한 소품까지…더 큰 어려움은 갈릴리 바닷가까지 가야 하고 적절한 촬영 과정을 밟아야 한다는 점이다. 여간 힘들고 귀찮은 일이 아니다.

그런데 AI 기술을 활용하면 단 몇 초 만에 실제 촬영한 것과 다름없는 영상을 만들 수 있다.

단지, 챗GPT뿐만이 아니다. AI는 엄청난 능력을 발휘하고 있다. 최근 크게 이슈화된 제품 중 하나가 바로 모 회사에서 만든 AI 서비스다. 한국어로 말하면 거의 동시에 영어와 일본어 중국어를 비롯, 13개국의 언어로 번역되고 통역되어서 상대방에게 전달된다.

이전에는 상상조차 어려운 일들이 AI의 도움으로 현실화되고 있다. 서비스를 제공받기 위해 내일까지 기다릴 필요가 없다. 오늘, 한 시간 이상 기다릴 것도 없이 원하는 서비스를 제공한다. 웬만한 서비스는 인간이 도저히 따라갈 수 없는 속도와 정확성으로 AI는 날마다, 아니, 어쩌면 시간마다 그 위력을 더하고 있다.

AI 없이는 우리의 삶이 제대로 작동하지 못하는 미래가 아주 가까이 빠르게 다가오고 있는 것이 실감 나는 세상으로 숨 가쁘게 바뀌고 있다. AI

는 인간의 가장 간지러운 곳을 제대로 긁어줄 수 있는, 혁명적이라는 말이 부족할 정도로 과학 기술계의 총아가 되고 있다.

이런 맥락에서, 그러잖아도 '빨리빨리'를 좋아하고 기다리는 데 인색한 한국 사람의 경우 AI의 영향을 가장 크게 받을 수 있지 않을까 싶다. 그래서 한국에서 IT 산업이 단시간에 이토록 빨리 발전하고 있는지도 모른다.

그렇다면 우리의 생활 양식과 습관이 놀라운 속도로 엄청난 품질을 가진 훌륭한 아웃풋을 제공해 주며 인간이 할 수 있는 일조차 인간보다 훨씬 효율적으로 해내는 AI에 길들면 기도 생활에 어떤 변화가 일어날까?

3. 하나님은 너무 느리고 안 계신 것 같아!

아마도 하나님에 대한 믿음 혹은 인식의 변화가 오지 않을까 예상할 수 있다.

많은 일선 목회자를 만나 얘기를 들어보면, 성도들이 기도하면서 가장 답답해하는 것 중의 하나가 바로 하나님의 '무응답'이다. 도대체 언제 자기의 기도를 들어주실 거냐는 것이다. 믿음이 없거나 신앙생활을 열심히 하지 않는 성도만의 푸념이 아니다. 오랫동안 열심히 교회 생활하고 하나님을 잘 믿는다는 성도들도 그럴 수 있다. 얼마나 마음이 답답하면 목사님에게 하소연할까 싶다.

그럴 때 대부분 목회자는 "성도님, 좀 더 기다려 봅시다. 하나님의 뜻이 있을 거예요"라고 답할 수밖에 없다.

그때 그냥 "네, 목사님. 알겠습니다. 좀 더 기다려 볼게요"라고 말하고 돌아가면 다행이다.

그런데 그렇지 않은 분도 많다.

"목사님, 언제까지 기다려야 하나요? 하나님께서 살아 계신다면서 속 시원하게 조금만이라도 알려주시면 좋겠어요"라고 반응하는 성도도 많다.

참으로 안타깝다.

우리가 믿고 고백하며 따르고 있는 하나님은 어떤 분이신가?

모세는 자기를 부르신 하나님에게 이렇게 물었다.

"내가 무엇이라고 그들에게 말하리이까?"

하나님은 모세에게 "나는 스스로 있는 자이니라"고 답하신다(출애굽기 3:13-14).

하나님은 누구의 요청이나 위협이나 간섭도 받지 않으시는 분, 인간의 모든 굴레를 초월하시는 분, 오직 스스로 존재하시는 분이시다. 그래서 하나님은 이해할 수도 없고 알 수도 없는 분처럼 느껴질 때가 너무나 많다. 하나님의 계획을 보려면 너무나 오랫동안 인내하며 기다려야 한다.

어쩌면 이러한 하나님의 속성이 AI 시대에 세상 사람들이 하나님을 선뜻 믿지 못하고 회의하는 가장 큰 이유일지도 모른다. 앞에서도 말한 바 있지만, 이 시대의 사람들은 분명한 답을 선호한다. 아주 빠르게 주어질 수 있다면 금상첨화다.

거기다가 인간이 할 수 없는 그 어떤 초월적인 능력을 갖춘 그 무엇이 항상 그런 답을 줄 수 있다면 더 바랄 것이 없지 않은가?

AI는 인간이 오랫동안 꿈꾸고 갈망해 온 그러한 욕망을 아주 흡족하게 만족시켜줄 수 있는 두루 갖추고 있다. 더욱 놀라운 것은 앞으로 AI는 무한대의 급격한 속도로 이루어질 것이며, 우리에게 보여줄 것이 너무나 많다는 점이다.

반면, 하나님은 어떠한가?

우리는 너무나 자주 하나님의 부재를 경험한다.

솔직히 말하면, 하나님의 임재보다 하나님께서 전혀 내 곁에 계시지 않고, 나의 울부짖음을 듣지 않으시는 것처럼 느낄 때가 훨씬 더 많지 않은가?

하나님의 부재 속에서 하나님의 존재를 느끼는 것은 유한한 우리 인간으로서는 참으로 어려운 일이 아닐 수 없다. 그래서 기도는 믿음으로 하는 것이다.

불의의 사고로 인해 사랑하는 아들과 남편과 아내와 부모가 죽어갈 때, 어떻게 순순히 하나님의 함께하심을 고백할 수 있단 말인가?

하나님의 돌보심을 어디에서 찾을 수 있을까?

이런 맥락에서, 하나님처럼, 인간의 능력을 훨씬 초월하여 마치 무한한 힘을 가지고 있는 것처럼 보이는 AI에 푹 빠지는 것은 당연한 일인지도 모른다.

앞에서 예로 든 A 집사의 경우를 보라. A 집사는 자기의 답답한 마음을 '지금 여기서' 듣고 알아서 위로해 주며 어떻게 해야 하는지 알려줄 상대가 필요하다.

AI 시대의 그리스도인들에게 오랫동안 눈물 콧물 다 빼고 기도하며 "아멘, 주여 믿습니다!"하고 성령의 은혜로 꽉 채워서 교회를 나서는 믿음을 요구하기에는 무리일까?

A 집사는 하나님을 향한 기도의 자리에 나가는 것보다 당장 눈앞에서 마음을 시원하게 해 주는 AI가 훨씬 더 유익하고 든든하다고 느낄 것이다.

그렇다면 우리 삶에 문제가 있고 어려움에 부딪힐 때마다 AI에게 달려갈 것인가?

그럴 수는 없는 노릇이다.

사실 5년이나 10년 후, AI가 많은 전문가가 예상하는 능력을 갖추게 된다면 하나님보다 AI를 더 찾고 믿고 따르는 사람들이 많아질 것이라고 쉽게 예상할 수 있다.

　지금도 교회는 매우 어려운 위기를 맞고 있다. 갈수록 교인들의 숫자와 목회자 지망생들이 급격히 줄고 있는데, 전지전능한 힘을 보유한 AI 시대가 본격적으로 열리면 기독교는 정말 소수 종교로 남아 있을지도 모르겠다.

　그러나 교회여, 그리스도인들이여!

　하나님에 대한 믿음과 신뢰를 저버리지 말고 끝까지 굳세게 붙들어야 한다. 믿음이란 표적을 보는 것도, 기적을 경험하는 것도 아니다.

　우리가 듣고 싶은 말을 빨리 듣거나, 일이 속히 해결되는 것은 더더욱 아니다. 하나님의 음성을 들었기 때문에 하나님이 살아 계신다는 것을 믿는다면 그것을 온전한 믿음이라고 할 수 없다. 이번 한 번만 하나님의 살아 계심을 보여 주신다면 평생 잘 믿겠다고 기도하는 이의 갈급한 심정은 이해하지만, 이런 기도는 결코 온전한 믿음의 기도가 아닐 것이다.

　믿음은 하나님의 부재를 신뢰하는 것, 하나님께서 나를 버리신 것 같은, 칠흑처럼 캄캄하고 한 치 앞도 내다볼 수 없는 상황에서도 스스로 계신 분이 스스로 계심을 믿는 것이다. 그가 지금 당장 나의 고통을 말끔히 없애 주시지 않는다 하더라도, 살을 찢는 듯한 아픔과 비명을 지르는 엄청난 고난의 순간에도 나와 함께 아파하고 계심을 신뢰하는 것이다.

　만일, 우리가 고통받는 하나님을 믿는다면, 사실 하나님의 임재와 부재라는 말은 정확한 표현이 아니다. 왜냐하면, 하나님은 항상 존재하시기 때문이다. 하나님이 계시지 않는 것처럼 보이는 그 순간, 그 장소에 하나님은 계신다. 다만, 우리의 목적과 바라는 대로 임재하지 않으실 뿐이다.

　하나님의 '느림' 안에 들어있는 하나님의 계획과 일하심을 신뢰하자. 이러한 믿음을 붙들 수만 있다면, AI 개발자들과 기술자들이 우리 눈을 휘둥그레하게 만드는 엄청난 것을 창조할지라도 거기에 우리의 마음과 영혼까지 맡기지는 않을 것이다.

4. AI 시대, 애매모호하신 하나님 신뢰하기

　제2장에서 이야기한 것처럼, AI는 인간이 만든 다른 어떤 기계가 결코 따라올 수조차 없는 핵폭탄급 변화를 가져오고 있으며, 앞으로도 그럴 것이다. AI는 눈에 보이는 엄청난 효율성과 능력으로 인해 신과 같은 위치에 올라 기독교의 가장 강력한 위협이 되고 있다.

　과학 기술 분야의 AI 신과 기독교의 하나님 사이에서, 교회와 그리스도인들은 어디에 서 있게 될까?

　필자 역시 양극단의 사고방식을 좋아하지 않는다. 극단적 사고는 인간의 사고의 폭과 방향을 통제하고 훼방하기 때문이다. '이것 아니면, 저것'이라는 방식의 사고는 인간의 창의력과 용기를 막는다.

　필자가 AI 시대에 접어들면서 모든 그리스도인이 모든 AI 제품을 불매해야 한다거나 사용해서는 안 된다고 말하려는 것이 아님을 다시 한번 말하고 싶다.

　이 땅에서 살아가는 한, 아무리 그리스도인이라고 할지라도, 세상의 과학과 기술이 주는 혜택을 무시하거나 외면할 수는 없는 것이다. 더욱이 AI가 사탄이거나 마귀라고 주장하는 것도 아니다.

　다만, AI가 우리의 일상과 생각에 우상으로 자리 잡도록 놓아두어서는 안 된다는 것이다. 그러기 위해서 무엇보다도 영적인 예민함이 있어야 하는데, 이것이 기도와 찬양과 말씀을 게을리해서는 안 되는 이유이다.

　분명한 것은 AI가 제공해 주는 신속함과 편리함을 동반한 놀라운 능력에 심취해 하나님의 속성을 깎아내리거나, AI를 교회 사역의 동반자로 삼는다면, 어느새 AI는 담임목사실과 교회학교 교사실을 점령하고 교회 십자가 위에 앉아 있게 될 것이라는 사실이다.

안타깝게도 시대와 상황과 관계없이, 하나님은 여전히 느리시다. 어지간해서는 즉각적인 답을 주지 않으신다.

안 계신 것 같은데 계시고, 계신 것 같은데 안 계시는 하나님!
항상 늘 동일하게 나타나 주시면 좋은데, 필요할 때에는 숨으시는 하나님!
우리의 눈으로 보기에는 확실히 보이지 않고 들리지도 않는 하나님!
문제가 여전히 산적해 보이고, 마음의 고통이 절대 가라앉지 않을 것처럼 보이는 현실, 그런 현실을 분명하게 해결해 주지도 않으시는 하나님!
내 눈에서 사라지시는 하나님!

그래서 우리는 다음과 같은 모세의 항변을 충분히 이해한다.

> 내가 바로에게 들어가서 주의 이름으로 말한 후로부터 그가 이 백성을 더 학대하며 주께서도 주의 백성을 구원하지 아니하시나이다(출애굽기 5:23).

하나님의 침묵은 하나님을 더욱 애매모호하게 만든다. AI 시대에 교회와 기독교는 세상 사람들에게 시대의 흐름에 맞지 않는 고리타분한 종교로 치부될지도 모른다. 안타깝지만 엄연한 현실이다.

한편에서는 우리 기독교도 교회에서 마음껏 AI를 활용하면서 우상의 자리에만 두지 않으면 되는 거 아니냐고 말할지 모른다. 정말 그랬으면 좋겠다.

과연 어느 선까지 우리 교회가 AI를 환영하고 활용해야 하는지 아직은 퍼뜩 감이 오지 않는다. 희미하게 정체를 드러내고 있지만, 여전히 AI는 진행 중이기 때문이다. 아마도 5년, 늦어도 10년 정도 지나면 그 윤곽을 알 수 있지 않을까 생각한다.

현 단계에서는 우리 교회와 그리스도인이 분명히 취해야 할 자세가 있다. 하나님께서 챗GPT처럼 우리가 세운 틀에 꼭 맞게 행동하시거나 답을 제시해 주기를 요구하거나 기대하지 말자는 것이다.

그리고 AI와 하나님을 비교해서는 안 된다.

만일, 그런 하나님이라면 그 하나님은 더는 스스로 있는 분이 아니시다. 피조물인 인간의 의지와 소망에 딱딱 맞추는 하나님이라면, 우리는 그러한 하나님을 더 잘 믿을 것만 같지만, 결코 그렇지 않다.

하나님께서 즉시 응답해 주시지 않으면 우리는 안달 내고, '하나님은 도대체 뭘 하고 계시는 거냐' 책망하고 화를 내고야 말 것이다.

인간의 기도 안에 들어있는 키워드에 딱딱 맞추어 완벽한 결과물을 제시하는 하나님… 그런 하나님은 더는 '스스로 있는 자'가 아니시다.

지금은 비록 희미하게 보이지만. 그날이 되면 우리는 하나님을 분명히 볼 것이다. 그때까지 우리는 애매모호한 하나님을 굳게 붙들어야만 한다.

아니, 오히려 희미하기에 더욱 붙들고 기대할 수 있는 것이 아닌가?

그런 하나님을 믿을 때, 우리는 우리가 가진 한계를 극복할 수 있게 된다. 그리고 AI의 거센 유혹 속에도 당당해질 수 있을 것이다.

끝으로, AI가 우리에게 편리성과 효율성만 안겨다 주지는 않을 것이라는 사실이다. 잠시 후 출현할 AI가 지금껏 그랬던 것처럼, 우리 인간이 기대한 것대로 행동할 것이라고 마음 놓고 있다면 너무 순진한 생각이다.

무스타파 술레이만의 지적을 귀담아들을 필요가 있다. 그는 AI의 칼끝이 어디로 향할지 인간조차도 아무도 모른다고 말한다.

얼마나 무서운 일인가?

대부분 전문가와 기술자는 자율성을 갖춘 AI의 등장을 예견하고 있다. 자율성이 있는 전지전능한 AI에 대한 인간의 통제나 억제가 아예 불가능해질 수도 있다는 것이다.

그때가 되면 AI는 인간이 필요로 하는 답을 있는 그대로 토해내지 않을 것이다. 인간의 명령에 동의하지 않거나, 그것이 쓸모없다고 판단되면, AI는 자기 생각과 의지와 감정에 따라서 행동할 것이다. 그리고 그 행동은 인간을 향한 반발과 도전이 될 것이다.

이런 의미에서, 가장 확실하게 인간에 대한 사랑과 은혜와 돌봄을 허락하시는 하나님만이 인간의 미래에 대한 확실한 반석이 되신다. 비록 눈에 안 보이고 느리고 애매모호하게 보이지만 말이다.

소그룹 토론을 위한 질문

1) '기도' 하면 가장 먼저 무엇이 떠오르는가?
   기도할 때, 당신을 가장 난처하게 만드는 것은 무엇인가?

2) 명쾌한 답을 즉시 제공하는 AI와 너무 느린 답을 주시는 하나님에 관한 당신의 의견은 어떠한가?

3) 그리스도인으로서 하나님보다 당장 눈앞에 있는 AI를 먼저 찾아 가려는 유혹을 이기기 위해서 무엇이 필요하다고 생각하는가?

제5장

테크노 교회와 테크노 신앙

미스터 A는 최근 갑자기 종교를 가지고 싶어졌다. 종교에는 그다지 관심이 없었지만, 갈수록 사람 만나기도 어렵고 거리나 식당이나 쇼핑몰에도 어디에나 AI 로봇들이 판치고 있어 은근히 사람이 그리워졌다. 그런데 집 근처만 해도 온갖 종류의 교회, 성당, 절, 사당 등이 널려 있지만 딱히 어느 종교가 자기에게 맞을지 알 수 없었다.

미스터 A는 AI 비서를 이용하기로 했다.

"안녕! 비서, 요즘 종교를 갖고 싶은데, 나에게 가장 적합한 종교가 무엇일까?"

AI 비서는 답한다. "네, 걱정하지 마세요. 제가 있잖아요. 종교를 선택할 때 가장 중요한 것이 무엇인지 알려만 주세요."

"그래, 알았어. 오케이!"

그는 가장 선호하는 조건들을 알려주기 시작한다.

"흠, 일단 집에서 가장 가까워야 하고, 내 나이가 30대 중반이니깐 인생 의미를 알려줄 수 있으면 좋고, 노래를 좋아하니까 음악을 좋아하는 종교면 좋겠지. 그리고 사람도 적당히 있고, 어느 정도 무료하지 않게 사회생활 할 수 있는 종교, 이 정도면 뭐가 좋을까?"

AI 비서는 말을 듣자마자 5초 후에 "기독교네요!"라고 알려준다.

"그래?

좀 시끄럽지 않을까?

이것저것 하라고 귀찮게 하고?"

그러자, 너무나 똑똑한 AI 비서는 이렇게 대답한다.

"아, 염려 마세요. 제가 있잖아요!"

이 비서는 "제가 있잖아요"라는 말을 참 좋아하는 모양이다. 10초가 지났을까. AI 비서는 "근처에 있는 교회 중에서 B 교회가 있어요. 예배 시간은 일주일에 단 2번이에요. 수요일과 주일. 그리고 교인 수는 100여 명이니 딱 좋은 조건이고요. 한 달에 한 번씩 모임도 있고. 목사님 설교는 비교적 평범한 편이에요. 교회 출석이나 헌금도 강요하지 않고. 미스터 A의 조건에 딱 들어맞는 교회네요."

AI 비서의 합리적이고 명료한 설명을 듣고 미스터 A는 안심하고 B 교회에 가보기로 했다. 아, 물론, 갈 때마다 새로운 정보를 AI 비서에게 알려주어서 만일의 사태를 대비해서 업데이트하기로 했다.

1. 테크노 교회의 유혹

미스터 A의 사례는 허무맹랑한 것처럼 보인다.

AI가 인간에게 종교를 소개해 주는 일이 어떻게 가능한 것인가?

인간이 자기의 취향을 AI에게 입력하거나 알려주면 가장 적합한 종교를, 그리고 그 종교가 속한 교회나 절, 성당 등을 소개해 주는 일이 과연 벌어질 것인가?

필자는 충분히 가능한 시나리오라고 생각한다. 이 정도의 일은 AI에게는 그다지 어려운 일이 아닐 것이다. 먼 미래처럼 느껴지는 2050년이 아니라, 당장 2024년 현재에 벌어지고 있는 일들을 한번 보자.

AI 로봇 바리스타가 커피를 만드는 모습이 고속도로 휴게소에 본격적으로 등장한 것이 불과 3, 4년 전 일이다. AI 서빙 로봇이 식당에 나타난 것이 2, 3년 전의 일이고. 지금은 AI 배달 로봇이 인간의 도움을 받지 않고 거리를 다니고, 신호등을 기다리며, 사람과 물체를 피해서 정확하게 도착지까지 가서 엘리베이터도 탈 줄 알고 초인종까지 누르고 배달한다. 이뿐이 아니다. 어느 고속도로 휴게소에서는 이미 AI 요리사가 라면 등을 요리한다고 한다.

보통 사람들이 기대하거나 생각하지도 못하는 사이에 이 모든 일이 눈앞에 펼쳐지고 있다. 지금 이 시각에도 우리가 전혀 상상하지도 못한 AI 제품들이 출시 대기 중에 있으며, AI 기술 개발이 엄청난 속도로 이루어지고 있을 것이다. 이미 인간의 모습과 꼭 닮은 휴머노이드 AI 로봇들이 인간처럼 물건을 들고 나르고 분류하는 일을 하고 있으니 말이다. AI 시대에 진입하면서 세상은 지금까지 우리가 살던 세상과는 매우 다른 모습들이 펼쳐지고 영화에서나 보았을 법한 일들이 벌어질 것이다.

시간은 좀 걸릴 것이다. 그러나 AI 전문가들의 전반적인 예상을 종합해 보면, 적어도 5년이나 10년 후쯤이면 AI와 공존해야 하는 시대가 온다는 것이다.

교회에서도 비슷한 일들이 벌어질 모습을 어렵지 않게 그려 볼 수 있다.

AI가 소개한 교회에 온 미스터 A를 주차장 봉사자인 AI 집사가 반갑게 맞이한다. 미스터 A는 진짜 인간인 줄 알고 "안녕하세요. 좋은 아침이에요!"라고 인사하려다, 가만히 보니 실제 인간이 아니고 휴머노이드 AI였다. 그래도 예의상 손을 흔든다.

차에서 내리고 예배실 앞을 가자마자 AI 권사가 주보를 주면서 "은혜로운 예배 되세요!"라고 인사한다.

예배실로 들어서면 AI 권사들이 제법 눈에 띈다. 그런데, 이게 웬일인가, 실제 사람으로 보이는 중년의 남자가 자기를 보고 뛰어온다.

"우리 교회 처음 오셨지요?"

진짜 사람을 보니 반가운 마음이 든다.

"아, 네!"

알고 보니 그 교회 부목사다. 그의 말을 들어보니 담임목사를 비롯한 전문 목회자는 진짜 사람이고, 봉사자들은 휴머노이드 AI로 대체하고 있다고 한다. 신경 쓸 일이 없어서 좋은데 비용이 너무 비싸서 많이 못 들어온다는 말을 덧붙인다. 재정이 약한 교회는 휴머노이드 AI는 임대하지 못하고 단순 기계형 AI를 사용한다고 한다.

교회에 하나님께서 지으신 사람이 아니라, 사람이 만든 AI가 교회 봉사하는 모습은 정말이지 상상조차 하기 싫다.

필자 생각에 휴머노이드 AI가 등장한다면, 교회에서 가장 큰 유혹을 느끼는 곳은 식당일 것이다. 요즘 웬만한 교회에서는 식당 봉사할 교인을 구하기가 하늘에서 별 따기라고 한다. 식당 봉사팀을 '노인정'이라며 자조 섞인 말을 하며 교회의 미래를 우려하는 목소리가 높을 정도다.

식당 봉사뿐만 아니라, 주차 관리 요원과 안내 위원도 마찬가지다. 교회 내에서 가장 어렵고 피하고 싶은 봉사 자리들이다. 잘해야 본전인 자리이다. 잘하면 그만, 못하면 욕이나 온갖 불평을 듣는 경우가 많다. 당연히 맡고 싶지 않은 자리다.

그래서 AI 로봇으로 대체하고 싶은 유혹이 매우 클 것이다. 일의 효율성도 높고 관리도 사람보다는 훨씬 더 쉬울 것이다. 늦게 오거나 대충하거나 빠지는 일도 없을 것이다.

교회 역시 일반 가정이나 산업 현장과 마찬가지로 관리해야 할 곳도 많고, 여러 가지 일손이 필요하다. AI를 도입하면 일일이 담당할 교인을 선정하고, 선정된 교인에게 부탁하고, 의사를 물어보는 일을 하지 않아도 된다. 믿음의 사람들이 모인 교회라고 해도 그 과정이 번거롭고 까다롭다. 식당 서빙 AI 로봇처럼 AI로 간단하게 해결될 일도 꽤 많을 것이다.

AI를 도입하는 가장 큰 표면적인 이유를 들자면 단연코 높은 효율성, 생산성 그리고 즉각성이라고 할 수 있다. 실수투성이인 사람이 하는 것과 비교가 되지 않을 정도로 매우 효율적으로 상당한 양의 업무를 짧은 시간에 할 수 있다는 것이다. 생물학적이고 신체적으로 한계를 가진 인간이 하기엔 어려운 일들도 AI 로봇은 척척 해내는 것이다.

2. 교회는 사람이다!

AI 활용의 유혹을 많이 받을 수밖에 없는 구조로 가고 있는 이때, 꼭 기억해야 할 것이 있다. 효율성과 생산성 그리고 즉각성이 교회의 가장 중요한 가치가 아니라는 사실이다.

현대인들은 이 세 가지 가치를 매우 중요하게 생각한다. 그러한 사회와 문화의 영향을 받을 수밖에 없는 교인들 역시 알게 모르게 이런 가치가 몸과 정신에 배어 있을 수 있다. 교인들 역시 불편하고, 느리고, 생산성이 낮은 것을 당연히 싫어한다.

그렇지만 '교회는 사람'이라는 사실을 잊지 않아야 한다. 교회가 반드시 불편한 장소이어야 하고, 일처리에 늦장을 부리거나 효율성이 낮은 것이 정상적인 것이라고 말하려는 것은 아니다. 그러한 것들을 합리화하면 더더욱 안 된다. 교회 역시 제한된 인력과 예산을 가지고 낭비하거나 무책임하게 집행해서는 안 되는 곳이다.

다만, 교회는 하나님을 믿고 섬기며 예수 그리스도를 구주로 고백하는 사람들이 모인 곳이다. 비록 그곳에 부족함이나 마음에 들지 않는 모습이 있다고 하더라도 서로 용납하고 세워주어야 하는 곳이 교회다.

그러기에 섬김의 모습이 있는 것 아닌가!

물론, AI를 어쩔 수 없이 활용해야 하는 경우가 있다.

예를 들면, 성도 대부분이 노인이기 때문에 신체적이거나 정신적 작업을 필요로 하는 일을 하기 힘들 것이다. 장애인들을 섬기는 교회도 마찬가지다. 그럴 때 AI 로봇이 큰 도움을 줄 수 있으리라 생각한다. 그러니까 AI 로봇이 인간을 대체하는 것이 아니라, 보완하는 것이다.

하지만, 교회조차도 인간을 대체하기 위해서 AI를 도입한다면, 그 순간, 교회는 엄청난 도전과 시련에 직면하게 될 것이다. 주방이나 주차 관리, 안내와 청소, 교사와 성가대 등에서 봉사할 교인이 있음에도 불구하고 자원하는 교인들이 없거나, 모집하는 과정이 번거롭고 많은 시간을 요구한다고 해서 AI 로봇을 사용하게 되는 일은 없어야 한다는 말이다.

교회 이름이 있고, 건물이 있고, 섬기는 AI가 있다고 해서 교회인 것이 아니다. 교회 안에 살아 숨 쉬는 하나님의 창조물인 사람이 있어야 교회다. 하나님께서 교회의 주인 되시고, 그 주인을 모시는 주인공이 바로 사람이다.

결코, AI로 대체할 수 없다. 교회는 하나님의 은사를 받은 지체가 모여 받은 은사를 활용하며 서로 몸 된 교회를 세우고 궁극적으로 하나님께 영광을 돌리는 곳이다. 에베소서 2장 말씀을 기억하자.

너희는 사도들과 선지자들의 터 위에 세우심을 입은 자라 그리스도 예수께서 친히 모퉁이 돌이 되셨느니라 그의 안에서 건물마다 서로 연결하여 주 안에서 성전이 되어가

고 너희도 성령 안에서 하나님의 거하실 처소가 되기 위하여 예수 안에서 함께 지어져 가느니라(에베소서 2:20-22).

일선 목회자들은 갈수록 교회에서 봉사하고 섬기는 사람들이 줄고 있다고 입을 모은다. 사실, 봉사자들의 수가 줄어드는 것뿐만 아니라, 교인 수 자체가 급격하게 줄어들고 있는 것이 기독교의 현실이다. 이렇게 교회는 지금도 무척 어려운 상황을 맞이하고 있는데, 무서운 속도로 발전하며 실생활에 속속들이 들어온 AI가 교회에 치명적인 매머드급 폭풍우가 될 여지가 다분히 있는 것이다.

교회 안에 AI가 등장하게 된다면, 가장 중요한 기독교 정신을 상실하게 될지도 모른다. 교인들 간의 사랑에서 나오는 섬김과 봉사와 나눔의 정신 말이다. 이러한 가치는 교회가 아주 오랫동안 가지고 있었던 높은 가치들이다. 만일, 기독교의 고유한 정신을 잃어버린다면 교회와 교인은 테크노 교회와 테크노 교인으로 전락하고 말 것이다.

따라서, 가정과 식당과 회사를 비롯 거의 모든 곳에서 AI를 마주하는 시대에, 교회만큼은 정말 신중하게 AI의 활용 여부와 활용의 적정 수준을 고려해야 한다. 하나님은 자신의 형상으로 창조된 사람의 헌신과 섬김을 보기 원하시지, 사람을 대체하여 인간이 만든 AI 로봇의 섬김을 받고 싶어 하지 않으실 거라 믿는다.

3. 가나안 교인과 AI 테크노 교인

AI 시대를 맞아 우리가 생각해야 할 것들 가운데 가나안 교인과 AI 테크노 교인이 있다.

잘 알고 있는 것처럼 가나안 교인은 하나님은 믿지만, 교회에는 나가지 않는 '안 나가' 교인을 빗대어 꼬집는 말이다. 2023년 한국기독교목회자협의회가 조사한 바에 따르면 현재 가나안 교인의 수는 약 2백만 명이 넘는다고 한다. 이것은 한국 개신교인 전체 8백만 명 중의 거의 30%에 가까운 수치다.

가나안 교인 중에는 교회에서 신앙생활을 제법 오랫 해 온 이도 많다는 것이 여러 통계에서 나타난다. 하나님을 믿지만, 이제는 교회를 나가지 않는 이유가 무엇이든 간에, 그러한 신앙생활이 신앙생활과 영적 성숙에 긍정적인 현상은 아니다.

가나안 교인에 대해서 교회가 관심을 가지고 고민하는 현실에서, 교회와 목회자들은 '테크노' 성도라는, AI 시대에 출현하는 또 다른 유형의 성도를 만나야 할 가능성이 매우 크다.

인간은 사회적이고 문화적인 현상의 영향을 많이 받는다. 그러기에 시대에 따라서 사람들의 가치관, 인생관, 세계관 등이 바뀌는 것이다.

AI 로봇을 휴게소, 카페, 식당, 호텔, 회사 등에서 일상적으로 접하다 보면 자연스럽게 인간의 생각과 마음과 사고방식에도 영향을 미치게 된다. 과학 기술의 혁명적인 발전은 인간의 삶과 사고를 크게 바꿀 수 있기 때문이다.

교인이라고 해서 예외는 아니다. 교인들 역시 일주일 내내 세상 속에서 살아간다. 그 와중에 일주일에 한두 번 교회에 가는 것이다. AI에 익숙해진 교인들은 서서히 테크노 교인이 되어 갈 여지가 크다.

교회는 테크노 생활이 몸에 밴 교인들에게 어떻게 기독교의 전통적인 교리와 성경을 가르치고 말씀을 전해야 하는지에 대하여 깊이 고민하며 미리 준비해야 한다.

앞으로 나타날, 혹은 지금도 서서히 나타나고 있을지 모르는 테코노 교인의 특징은 다음과 같다.

첫째, 어느 교회에 갈지, 영적으로 그리고 신앙적으로 고려하기보다 AI 비서에게 묻고 그 답에 따라 결정한다.
둘째, 하나님보다 AI를 더욱 신봉한다.
셋째, 함께 교회에 모여 성경 공부하고 묵상하며 기도하기보다 AI 비서에게 답을 달라고 요청한다.
넷째, 교회 일을 하는 데 사람보다 AI 로봇이 더욱 활용 가치가 있다고 믿으며 강하게 주장한다.
다섯째, 목회자보다 AI의 설교가 훨씬 명료하고 더 잘한다고 믿는다.
여섯째, 사람과 교제하며 이야기하기보다 AI와 대화하는 것을 더 편하게 여긴다.

4. 과거와 현재의 신: 과거에 갇힌 하나님, 현재와 미래에 열린 AI

전도가 안 된다고 한다. 혹은, 전도가 안 되는 시대에 살고 있다고 한다. '전도가 안 되는 시대,' 기독교의 위기라고 말하곤 한다.

교회 문만 열면 사람들이 말씀을 사모하여 은혜 받고 싶어서 마구 몰려오던 시절은 끝났다. 전도는커녕 이미 교회 안에 있는 사람들까지 떠나는 판국이다.

그러니 가나안 성도가 그렇게 많이 나오는 게 아닌가?

세상 사람들이 기독교와 교회에 관심이 없는 데는 그럴 만한 여러 이유가 있을 것이다. 현대 사회의 급속한 탈 기독교화, 인권주의, 물신주의, 최근 4차 산업혁명 이후의 급격화 테크놀러지 신격화까지…거기에 성직자의 타락과 교회 및 교인의 세속화도 한몫할 것이다.

AI에 국한해서 생각해 보면, 많은 이가 앞으로 인간이 만든 AI가 인간을 넘어 세상을 다스릴 신의 위치에까지 가는 것에 대해서 우려하고 있다.

그에 따라서, 하나님이 이 세상 모든 것을 창조하셨고 주관하시고 다스리신다는 기독교적 세계관과 가치관은 오래된 도서관의 고서에서나 찾을 수 있는 시대가 열리고 있다. 서구나 한국의 신학교들은 비어가고 있으며 초라하고 빛바랜 과거의 명성만 쓸쓸히 되새기는 형편이다.

과거에는 하나님이 세상을 다스렸다면, 현재와 미래는 AI의 몫이 되어 버린 느낌이다. 세상이 탈 기독교 혹은 반기독교화되어 가고 있다는 것은 사람들이 기독교의 교리들을 더이상 진리로 받아들이지 않음을 의미한다.

종교적인 교리들은 더이상 쓸모없는, 케케묵은 한 종교적 집단의 신화일 뿐, 과학과 기술이 엄청나게 발전해 가고 있는 지금 이 시대에는 이제는 적용할 수도 없고, 적용되지도 않는다는 의식이 깊이 들어있다. 하나님은 과거 속에, 역사 속에 꽁꽁 묶여 있는 것이다.

많은 4차 산업혁명 분야 전문가와 기술자 그리고 빅테크 기업은 AI 개발에 박차를 가하고 있다. 산업계와 기술계가 AI에만 정신이 팔렸다.

오죽하면, 빅테크 기업들이 멀쩡한 부서와 직원들을 줄줄이 해체하고 감원하면서도, 백만 불 이상의 연봉을 제시하면서 AI 개발 전문가들을 데려가려고 혈안이 되어 있겠는가?

현재와 미래는 AI가 주도할 것이다. 이것은 뒤집을 수 없는 시대적 상황이다. AI는 거의 모든 분야와 영역에서 막강한 힘을 과시할 것이다. 현재와 미래를 다스리고 통제하는 건 AI를 만든 사람이 아니라, AI 자체일 것이다. AI가 과거의 하나님처럼, 현재와 미래를 다스리는 신이 될 것처럼 보인다.

이런 상황에서 우리 기독교와 교회는 AI라는 도도한 파도 속으로 힘없이 떠밀리고 말 것인가?

그럴 수는 없다. 아니, 그렇게는 되지 않을 것이다.

세상 사람은, 아니, 어쩌면 교회 안의 그리스도인들마저 더이상 하나님의 존재를 믿지 않고, 하나님을 그저 과거의 신으로 얌전히 모셔 두려고 할지라도, 하나님은 과거와 현재 그리고 미래를 영원히 다스리는 분이시다.

교회는 힘을 내야 한다. 목회자도, 교인도 영적으로 각성하고 힘을 내자. AI가 제아무리 인간보다 100억 배 똑똑하고, 못 하는 일이 없다고 해도, 그것은 인간이 만든 기계에 불과하다.

AI가 인간을 이길 수는 있을지 모르겠지만, 절대로 하나님을 초월할 수는 없다. 우리의 영원한 창조주이며 구원자이신 하나님과 그분의 아들 예수 그리스도에 대하여 자부심을 느끼자.

역사의 주인공은 인간이 아니다. 그 어떤 다른 종교의 신들도 아니다. 현대 테크놀러지의 산물인 AI는 더욱 아니다.

하나님만이 온 우주의 주인이시다. 교회가 이 영원한 진리를 굳세게 붙들고 있는 한, AI의 '습격'에서도 넉넉히 승리할 수 있을 것이다.

위태로운 시대에 교회와 그리스도인들에게 가장 필요한 것은 과거, 현재, 미래에 모두 열려 있으신 하나님을 볼 수 있는 영적인 눈일 것이다. 믿음의 확신에 거하는 것이다.

5. 기계화된 복음, 체득된 복음

테크노 교회와 테크노 신앙을 이야기할 때 빠지지 말아야 할 것은 복음에 관한 이해다.

2023년 3월 미국에서 챗GPT에 성경 자료를 학습시킨 'AI 예수'가 등장했으며, 8월에는 '텍스트위드지저스'(Text With Jesus)라는 앱이 공개되었다. 이 앱은 챗GPT로 작동되는데 예수를 비롯한 다양한 성경 속의 인물들과 채팅을 통해 사용자가 질문을 하면 답하게 되어 있다. 또한, 한국에도 챗GPT를 활용해 여러 질문에 답하는 기계가 시중에 선을 보였다.

이들은 다양한 AI 기계들과 성경적 지식이 결합하여 유용한 정보를 신속하게 제공해 주는 이점이 있다. 그리고 목회자나 주일학교 교사를 직접 만나거나 질문하기 어려운 상황에 있는 이들에게 매우 유용한 도구가 될 수 있다.

그런데 우리가 여기서 생각해 보아야 할 것은, 챗GPT가 제공하는 성경 구절과 해설이 학습된 데이터에 의존하기 때문에 매우 제한된 시각으로 답을 제공할 수 있다는 사실이다. 그리고 때로는 잘못된 답을 줄 여지가 있어 오히려 사용자의 신앙생활에 장애가 되기도 한다.

성경 말씀과 신앙에 대한 질문과 답은 1+1=2와 같은 수학공식과 다르다. 단순히 사용자가 필요한 성경 구절이 어디에 있는지 알기 원한다면, 빠르게 찾아주는 정도에서는 도움이 될 수 있을 것이다.

그러나 어느 정도의 해석이 필요한 경우, AI 챗GPT에 의존하는 것은 매우 위험하다. 복음은 기계화된 답변으로 충분하지 않다. 하나님의 말씀은 기계적인 답변과 도식화된 지식으로 끝나지 않기 때문이다.

> 하나님의 말씀은 살아있고 활력이 있어 좌우에 날선 어떤 검보다도 예리하여 혼과 영과 및 관절과 골수를 찔러 쪼개기까지 하며 또 마음의 생각과 뜻을 판단하나니(히브리서 4:12).

그렇다. 살아 계신 하나님의 복음은 살아 숨 쉰다. 칼보다 예리하여 말씀을 듣는 이의 영과 혼에 전인적으로 역사하신다.

반면, AI가 찾아서 토해내는 복음은 기계화, 문자화, 도식화된 말씀을 찾아 알려주는 것에 불과하다. 그 이상도 이하도 아니다.

AI가 찾아낸 복음은 우리의 마음과 영과 혼을 서서히 갉아 먹는다. 아무런 깨달음도, 활력도, 찌름도 없는 것이다.

힘들고 귀찮아도 직접 말씀을 읽고 묵상하며 깨닫고, 받은 말씀대로 살아가는 그리스도인이 복음을 자기의 것으로 받아들일 수 있다. 그런 복음을 체득된 복음이라고 부르고 싶다.

만약, 교인들이 신앙생활을 AI를 활용한 도구에 의존하게 된다면, 실제 목회자들의 역할은 당연히 축소될 것이다. 더 위태로운 것은 성도 스스로 말씀을 읽고 기도하며 생각하고 깨닫게 하시는 성령님의 도움을 더이상 구하지 않게 될 것이라는 점이다.

기계적으로 학습화된 복음이 참된 복음일까?

답은 명확하다. 그렇지 않을 것이다. 복음은 살아 숨쉬는 것이다. 하나님의 말씀은 '살아 움직이는 날선 검'과 같다.

말씀을 직접 읽고 묵상하고 자신의 삶과 감정과 마음을 적용하는 과정에서 은혜를 깨닫게 될 때 진정한 복음을 경험하게 되는 것이다.

소그룹 토론을 위한 질문

1) 이번 장에 등장한 테크노 교회에 관한 내용 중에서 당신을 가장 놀라게 한 것은 무엇인가?

2) 가나안 교인과 AI 테크노 교인 사이의 유사한 점과 다른 점에 관해 이야기해 보자. 이에 관한 당신의 견해는 무엇인가?

3) AI 챗GPT가 주는 기계화된 복음의 위험성에 대해서 생각해 보고, 이를 예방하기 위해 교회가 무엇을 할 수 있다고 생각하는가?

제6장

새로운 교회의 출현: 메타버스 교회와 AI 교회

오늘은 주일이다. 김 집사는 오늘도 교회 가기 위해서 책상 위에 놓인 컴퓨터의 스위치를 켠다. 언제부터인가 그는 교회에 가기 위해서 차의 시동을 켜지 않는다.

물론, 처음부터 이런 것은 아니었다. 그도 열심히 집 근처에 있는 교회에 갔다. 주일 아침마다 40분 떨어진 교회의 11시 예배를 드리기 위해서 9시에 일어나야 했다. 전날의 고단한 일정을 소화하고, 아침부터 피곤한 몸을 일으키기란 여간 힘든 일이 아니다. 일찍 일어나 샤워하고 아침을 챙겨 먹고 온갖 준비를 마치면 간신히 예배 시간에 맞출 수 있었다.

그뿐만이 아니다. 교회에 가면 예배만 드리는 게 아니라 이 사람, 저 사람이 와서 아는 체하고 이것저것 묻는다. 사생활을 드러내야 하는 것 같아 불편하다.

"사랑합니다!"

그사이에 처음 보는 교인이 날 보고 사랑한단다. 이게 웬일인가. 너무 느끼하게 여겨진다.

"어이, 김 집사, 교회에서 자주 보자고! 이왕이면 봉사도 좀 해야지!"라고 하는 이도 있다.

11시에 맞추기도 힘든데 교회에 남아 봉사까지 하라니!

그런데 어느 날, 회사 IT 팀장과 점심을 하던 중 메타버스에도 교회가 있다는 걸 알게 되었다.

"그렇게 귀찮고 힘들면, 메타버스 교회에 다니는 게 어때?
아바타로 변장하고 앉아 있으면 되잖아!"

팀장의 한 마디가 김 집사의 주일 풍경을 바꾸어 놓았다. 재미 삼아 들어갔던 메타버스 교회에 푹 빠져버린 것이다. 말로만 듣던 메타버스에 AI 서비스를 가미한 AI 메타버스 교회 교인이 될 줄은 상상조차 못 했다. 시간도 아끼고 불필요한 관계도 피하고 자기에게 딱 들어맞는 설교만 들으니 마음도 흐뭇하다. 게다가 아무도 자기를 알아보지 못한다. 그는 당분간 계속해서 메타버스 교회를 애용할 계획이다. 물론, 헌금도 메타버스 교회 운영에 보태려고 한다.

1. AI 장착한 AI 메타버스 교회, 거센 파도가 밀려온다

2024년 현재, 교회는 안팎으로 많은 도전과 위기에 직면해 있다.

그 가운데 대다수 목회자와 교인들이 이해하는 차원의 문제와 어려움이 있다. 예를 들면, 교인 수의 급감과 헌신도 약화, 목회자들의 윤리적 타락, 주일학교의 해체 현상, 신학교의 어려움, 현대 사회의 급격한 세속화 등이다.

이런 문제들은 꽤 오래전부터 지금까지 각 교단과 교회와 목회자들 사이에서 충분히 인지된 것들이었다. 사실, 그것들조차도 해결하기가 절대 쉽지 않은 과제다.

그런데 이런 산적한 문제와 도전들을 해결하는 일이여전히 골머리를 앓게 만드는 동시에, 여기에 더하여 전혀 예상하지 못한 강한 도전과 유혹들이 대기 중이다.

　기독교와 교회 역시 4차 산업혁명을 위시하여 현대 과학 기술의 발전이 몰고 온 핵폭탄급 변화의 예외가 아닌 상황에 직면하게 되리라는 전망이 나오고 있기 때문이다.

　하나는 메타버스 교회의 등장이며, 다른 하나는 AI 교회다.

　지난해 목회데이터연구소와 '희망친구기아대책'이 발표한 조사 결과를 보면, 당장 10년 뒤 예상되는 한국 교회 모습으로 'AI 성경 공부'(39.3%), '메타버스 교회'(37.7%), '온라인 AI 설교'(35.1%) 등이 꼽혔다고 한다. 이 정도로 AI와 디지털 문화는 교회에 큰 영향을 미치게 될 것이다.

　먼저 메타버스 교회에 관해 살펴보자. 대다수 독자가 메타버스라는 말을 한 번쯤 들어보았을 것이다. 2023년 이후, 생성형 AI 챗GPT의 등장으로 사람들의 관심이 온통 AI에 쏠려 있지만, 얼마 전까지만 해도 메타버스가 주요 키워드였을 정도로 많은 사람의 관심을 불러 모았다.

　메타버스는 '초월'이나 '가상'이란 뜻의 메타(meta)와 '세계' 또는 '우주'를 의미하는 유니버스(universe)가 합쳐진 단어로 우리말로 '가상세계'라고 부른다. 컴퓨터에 존재하는 디지털 공간인 셈인데, 사람들은 이 디지털 공간에서 현실에서처럼 쇼핑도 하고, 커피도 마시며, 운동도 하고, 데이트도 하고, 집도 사고, 영화도 본다.

　그럼, 메타버스에서 어떻게 움직이고 활동하게 되는 것일까?

　실제 현실 공간에는 우리 자신이 있지만, 메타버스를 방문해서 활동하는 것은 아바타를 통해서 이루어진다. 보통 사람들은 자기를 가장 닮은 또는 현실의 나와는 정반대의 모습을 가진 아바타를 만든다. 그런 후에, 자유롭게 여기저기 방문해서 친구들도 사귀고 다양한 쇼핑몰도 방문하는 것이다. 실제로 물건을 사고파는 것도 가능한데, 디지털 공간에서 이용되는 코인을 사용하면 된다.

한창 메타버스가 이 시대의 대세인 것처럼 폭발적인 관심과 흥미를 불러일으킬 때 신입생 입학식을 메타버스로 가졌던 대학교들이 적지 않았고, 유명 가수들이 디지털 공간에서 신곡 발표회도 열기도 했다. 힐러리 클린턴과 조 바이든 역시 메타버스를 활용하여 선거 캠페인을 벌이기도 하였다.

그렇다면, 사람들의 이목을 끌다가 이젠 한물가 버린 메타버스가 교회에 위협적인 상대로 돌아올 것인가?

미래를 장담할 수 있는 사람은 없지만, 필자는 그럴 가능성이 매우 크다고 본다.

가장 큰 이유는 AI의 가파른 성장세다. 이미 거의 모든 경제계와 산업계는 AI 관련 제품과 기술 개발에 혈안이 되어 있다. AI를 잡아야 천문학적인 이윤을 확보할 수 있기 때문이다. 이것이 빅테크 기업마다 다른 영역의 직원들을 대규모로 감원하는 상황에서 AI 개발자의 몸값은 천정부지로 솟고 있는 이유다.

예를 들면, 구글 알파벳은 1만5천 명, 메타는 2만1천 명, 아마존은 2만7천 명 이상을 감원하는 대신, AI 신규 투자를 확대하기로 하였다.

AI 개발자들이 메타버스를, 그리고 역으로 메타버스 개발자들이 AI를 외면하기는 매우 어렵다. 이 두 영역은 서로의 기술을 필요로 하고 활용할 수 있는 중요한 통로이기 때문에, 공생적인 관계일 수밖에 없다.

전에는 아바타가 주요 활동 주체였다면, 앞으로는 AI가 인간과 유사한 행동, 감정 및 반응을 가진 다양한 가상 캐릭터를 만들어 메타버스 내에서 활동하게 할 수 있다. AI가 생성한 콘텐츠와 가상 캐릭터들이 메타버스를 과거보다 훨씬 더 매력적이고 활기 넘치는 공간으로 만들어 주는 셈이다.

2. AI 메타버스, 교회에 주는 도전과 유혹

그렇다면 AI를 장착한 메타버스가 교회에 그리고 그리스도인들에게 어떤 도전과 유혹을 줄 것인가?

물론, 단점만 있는 것은 아니다. 나름대로 교회가 잘 활용하면 유익한 부분들도 있다. 예를 들면, 메타버스는 현장 교회가 실행하기 어렵거나 민감한 주제의 예배나 모임을 기획할 수 있을 것이다. 아바타를 통한 익명성과 자유로운 의사소통이 가능하므로 참가자가 자기 안에 있는 비탄과 탄식, 수치와 참회 그리고 분노와 절망의 감정을 정직하게 토로할 수 있도록 도울 수 있다.

또한, 메타버스는 교인들(특히 청소년과 청년)이 좀 더 편하게 사역자를 만날 기회를 제공하기도 한다. 특히, 교회를 떠나고 있는, 디지털 공간에 익숙한 MZ 세대들에게 어필할 수 있는 공간으로 몇몇 중대형교회에서는 이미 메타버스를 사역에 활발하게 활용하고 있다고 한다. 디지털 교회에서 가상현실 게임 등을 통해서 MZ 세대들을 붙잡고자 하는 노력이다.

하지만, 여기서 말하고자 하는 것은 말 그대로 메타버스 교회다. 즉, 전통적인 현장 교회에서 메타버스를 사역에 활용하는 정도가 아니라, 아예 메타버스 안에서만 존재하는 교회를 말한다. 순전히 자기 아바타의 모습을 가지고 디지털 공간에 출석하여, 아바타 목사나 AI 목사가 제공하는 설교를 듣고 성경 말씀을 공부하는 것이다. 교인들 역시 실제 현장 교회에는 출석하지 않고 메타버스 교회만 출석하는 것이다.

메타버스 교회가 상상 속에서는 가능하지만, 실제로도 가능하겠느냐고 반문할지도 모른다. 그러나 실제로 이미 메타버스 교회는 다양한 곳에 세워졌으며 실험 중이다.

메타버스 교회는 어쩔 수 없는 현세대의 요구이기 때문에 그것에 맞춰 가야 한다고 생각할지도 모른다.

그러나 이 시점에서 우리는 과연 그러한 모임 혹은 예배가 진정한 기독교 공동체이며 예배의 본디 정신에 맞느냐는 질문을 반드시 해야 하며 지금이라도 그 대처 방안을 모색해야 한다.

메타버스 예배는 코로나19 시기에 대면 예배가 불가능할 때, 어쩔 수 없이 시행했던 유튜브나 줌 예배나 성경 공부 모임과는 완전히 차원이 다르다. 현장 교회의 보조 역할이 아니라, 기존의 교회를 완전히 대체하는 새로운 형태의 디지털 교회다. 가상공간에서 이루어지지만 실제로 존재하는 교회인 셈이다.

참으로 아이러니하지 않은가?

교인들이 아바타로 변장하고, 메타버스 세계에 만들어진 디지털 교회에 출석해 다른 아바타 교인들이 인도하는 예배에 참석하며 AI 목사의 설교를 듣는다.

이런 예배를 진정한 예배라고 할 수 있을까?

단연코 아닐 것이다.

가면을 쓴 채, 자신을 정직하게 드러내지 않는 교인이 모인 교회!
자기의 목소리가 아닌 기계의 음성으로 하나님을 찬양하는 교회!
함께 모여 서로의 감정을 교류하며 기도하고 봉사하지 않는 교회!
마음과 영성으로 준비한 설교가 아닌 온갖 정보로 잘 짜인 AI 설교를 하는 교회!

하나님께서는 이런 모든 것이 컴퓨터를 통한 사이버 공간에서 벌어지는 교회를 기뻐 받으시지 않을 것이다.

교회는 기계가 프로그램화할 수 있는 곳이 아니다. 교회는 살아 숨 쉬는 사람들의 공동체, AI처럼 완벽하지도 않고 메타버스 공간처럼 편하고 화려한 공간은 아니지만, 삶의 고단함과 무게를 가진 사람들이 모여 생명을 주신 살아 계신 하나님을 찬양하고 경배하며 함께 모여 기도하는 곳이다.

디지털 공간에서 신앙의 부족함이나 불편함의 답을 찾으려는 노력은 우리를 더욱 공허하게 만들 뿐이다.

이것이야말로 미래에 더욱 거세게 도래할 메타버스 교회 시대와 마주칠 현장 교회가 신앙적으로 반드시 붙들어야만 하는 명제다.

3. AI 교회, 테크놀러지 신의 출현

2015년 9월 미국 캘리포니아에 '미래의길'(Way of the Future)이라는 이름의 교회가 탄생하였다. 이름만 보면 하나님께서 미래의 길을 열어주실 것을 기대하는 목회자가 세운 교회라고 생각하기 쉽다.

그러나 실상은 전혀 다르다. 이 교회는 AI를 신으로 모시는 교회이며, 창립자이자 교주는 구글의 자율 주행차 개발 엔지니어 출신인 앤서니 레반도브스키이다. 전 세계에서 최초로 설립된 인공지능 교회인 셈이다. 레반도브스키는 인간보다 훨씬 뛰어난 '초지능 기계'인 AI를 경배한다고 공식적으로 밝히기도 하였다. 주정부에 제출한 교회 창립 관련 서류에 AI 교회의 목적을 "AI에 기반한 신성의 실현과 수용, 경배를 통해 사회 발전에 기여하는 것"이라고 기재한 것이다.

왜 하필이면 교회라는 이름을 붙였을까?

이와 관련된 기사와 자료들을 보며 필자는 분노를 넘어 모욕을 느끼기까지 하였다.

이럴 수가 있는가?

보통 '교회'라고 하면 예수 그리스도를 구주로 믿고 고백하고 따르는 그리스도인의 신앙 공동체를 떠올린다. 그런데 레반도브스키는 하나님이나 예수님은커녕, 한낱 인간이 만든 AI를 초월적 존재로 믿고 경배하는 단체에 '교회'라는 이름을 갖다 붙인 것이다.

이러한 일은 그저 미치광이나 AI 숭배자에게만 해당되는 일이라고 그저 웃고 넘길 것인가?

그렇지 않다고 생각한다. 물론, 아직은 미국에서도 기껏해야 수천 명의 사람이 이 조직에 가입되어 있다고 한다. 사회적인 비웃음과 손가락질을 받았다고 한다.

그러나 AI가 확산하고 AI 기술이 기하급수적으로 발전할수록 AI를 신으로 섬기는 조직이나 모임을 주변에서 쉽게 볼 수 있게 되지 않을까?

이단의 경우를 보자. 그동안 한국 교계와 사회에 큰 물의를 일으킬 뿐 아니라 여전히 위세를 떨치고 있는 각종 이단은 아주 미약한 상태로 시작하였다. 교주들을 보면 대부분 교육 수준이 아주 낮고 초라한 행색을 하고 있어, 도무지 그렇게 많은 무리가 따를 것 같지 않다. 하지만, 그들을 따르는 교인들 가운데는 교육 수준이 매우 높고 사회적 지위나 경제 수준이 높은 사람도 상당히 많다. 도저히 이해가 되지 않지만 실제로 일어나는 일이다. 이단 교회의 경우처럼, 정상적인 생각으로는 도저히 이해할 수 없는 일들이 벌어지고 있는 상황이다. 그만큼 공중 권세를 잡은, 악하고 미혹하는 영들의 권세가 강한 것이다.

AI가 지금처럼 인간의 전방위에 걸쳐서 스며들고 있다면, 앞으로 더욱 무서운 기세로 발전해 갈 AI를 신으로 받들며 예배하고 경배하는 교회가 곳곳에서 설립될지 아무도 모르는 일이다. '미래의길'처럼 AI 신을 통해 인간의 심리와 생각하고 생활하는 방식을 근본적으로 바꾸겠다는 새로운 종교가 탄생하는 것이다.

레반도브스키는 2020년에 자신이 세운 AI 교회의 문을 닫는다고 공표하였다가, 2023년에 '미래의길' 교회를 부활시키겠다고 공식적으로 밝혔다. 이는 최근 AI챗GPT를 시작으로, 다시 거세게 불기 시작한 AI 열풍과 밀접한 관련이 있으리라 생각한다. 이미 AI가 과학 기술계뿐만 아니라, 정치, 경제, 사회, 문화 등등 거의 모든 인간의 삶의 영역에 스며들고 있으므로, AI에 대한 신념과 믿음을 전파하는 데 자신감을 얻은 것이다.

레반도브스키의 인공지능을 섬기는 미래의길교회의 사례를 통해서 앞으로 사람들이 AI를 어떻게 여길 수 있는지 그리고 기존 교회에 어떤 도전을 줄 수 있는지, 그 가능성에 대해서 어렴풋하게나마 세 가지로 정리해 볼 수 있다.

4. AI 신, 미래로 인도하는 길 그리고 전환

첫째, 사람들이 AI를 거의 신의 자리에 놓을 수도 있다는 것이다.

이유는 의외로 단순하다. AI가 거의 전지전능한 힘을 가지고 있다고 믿기 때문이다.

지금도 AI는 인간이 할 수 있는 거의 모든 영역에서 능력을 발휘하고 있지 않은가?

만일, 많은 AI 개발자나 전문가가 주장하는 것처럼, 언젠가 AI가 인간의 지능을 훨씬 뛰어넘는 초지능(Superintelligence)을 가지게 된다면, 과연 인간이 AI를 막을 수 있을까?

AI 없이는 세상이 돌아가지 않을지도 모른다. 레반도브스키가 AI를 신이라고 부르는 가장 중요한 이유는 AI가 가장 똑똑한 인간보다 10억 배나 더 똑똑하다고 믿기 때문이다. 앞으로 AI와 인간의 지능이 그만큼 차이가 날 것이라고 믿고 있다.

인간의 지능보다 10억 배나 똑똑한 AI의 엄청난 능력을 숭배하여 교회를 세우고 하나님의 자리에 올려놓는 것은, 인류 역사에 나타났다가 사라진 우상의 또 다른 형태다.

나아가 어쩌면 기독교는 교회 역사상 직면했던 그 어떤 우상보다 훨씬 더 견고하고 강력한 AI 우상을 대면하고 있는지 모른다. 왜냐하면, 그동안의 우상들은 지역적인 한계가 있었고, 인간의 실제 생활과는 거리가 있으며, 실재하지 않는 정적인 물건이자 형상이었다. 비록 신과 같은 권력과 위엄이 있었을지라도 가까이하기엔 너무나 먼 대상이었다.

반면, AI는 우리와 직접 연결되어 있다. 우리의 손 안에, 주머니 안에, 컴퓨터 속에, 집 안에, 거리에도, 회사에도…어디를 가도 AI는 존재한다.

그뿐만이 아니다. 이전의 거의 모든 우상이 인간을 누르고 위협하고 억압했다면, AI는 우리에게 편리함과 친근감을 가지고 다가온다. 신적인 우상으로 전혀 여겨지지 않을 정도로, 가볍고 유용한 존재로 우리 앞에 놓여 있는 것이다.

그러나 시간이 지나면 지날수록 AI는 인간이 절대적으로 의지할 수밖에 없는 하나의 존재가 되어 인간의 삶을 통제할 가능성이 여전히 열려 있다. AI의 대부라고 불리는 캐나다 토론토대학교의 제프리 힌턴 교수는 바로 이 점을 가장 크게 우려하는 전문가 중 하나다. 그가 AI의 위험을 알리기 위해서 함께 일했던 구글을 떠난 일화는 널리 알려진 바 있다. 그는 빠르면 앞으로 5년 안에 인간을 뛰어넘는 AI가 출현할 수 있음을 경고하면서, "장기적으로는 AI가 인류의 위협이 될 수 있다"고 우려했다.

둘째, 기독교적인 관점에서 우리가 주목해야 할 것은 교회 이름인 미래의길(Way of the Future)에서 알 수 있듯이, 초지능 기계인 AI가 인류의 미래를 지금보다 훨씬 나은 길로 인도할 수 있다고 믿도록 이끈다는 것이다.

레반도브스키는 미래의길교회를 재창립할 계획을 알리면서 AI가 기존의 종교보다도 인간을 더 잘 이끌 것이라고까지 주장하였다. 이 이름은 "내가 곧 길이요 진리요 생명이니 나로 말미암지 않고는 아버지께로 올 자가 없느니라"(요한복음 14:6)고 말씀하신 예수님의 가르침을 연상케 한다.

AI가 일상생활과 산업 현장뿐 아니라, 인간의 윤리적이고 실존적인 문제까지도 일반적인 종교보다도 훨씬 더 잘 다루리라는 것이다. 레반도브스키의 이러한 믿음은 극단적인 AI 신봉자의 표본이라고 할 수 있을 것이다.

그러나 많은 AI 개발자와 빅테크 기업은 AI가 자신들에게 막대한 경제적인 수익과 아울러 인간의 삶을 지금보다 훨씬 더 윤택하고 편안하게 할 많은 것을 가져다 줄 수 있다고 믿고 있다. AI가 막대한 수익을 가져다주는 '황금알을 낳는 거위'라는 데 이견이 없다.

반면, 그들이 말하는 인간의 삶의 윤택함과 편안함은 어떤 것일지 선뜻 공감이 가지 않는다.

하지만, 그런 믿음이 있기에 오픈AI 창업자 샘 알트만이 무려 7조 달러, 우리 돈으로 약 9천3백조나 되는 상상하기도 어려운 금액의 펀드를 구하기 위하여 사방으로 돌아다니는 게 아닌가?

AI가 산업과 의료 현장 그리고 일상생활 영역에서 매우 유용하게 활용될 수 있는 점은 환영할 만하다. 그 자체로는 과학 기술계의 놀라운 발전으로 인정받아야 마땅하다.

그러나 기독교적으로 보았을 때, 미래의길이 주장하고 있는 것처럼, AI가 인류의 미래를 더 나은 길로 인도할 것이라는 믿음은 선뜻 받아들일 수 없다.

이 땅에 기독교와 교회가 존재하는 이유가 무엇인가?

그것은 다름 아닌 세상을 창조하시고 구원의 길로 인도하시는 하나님이 존재하심을 믿기 때문이다. 하나님을 믿지 못한다면 교회가 존재해야 할 이유가 없다. 예수 그리스도만이 길이요, 진리요, 생명이심을 고백하지 않는다면, 기독교란 종교가 있어야 할 이유가 전혀 없는 것이다.

하나님을 믿는다는 것이 무엇을 의미하는가?

인간의 미래는 오직 하나님을 믿고 그분의 뜻 안에서 살아갈 때, 비로소 안전하다는 것을 믿고 고백하는 것이다. AI를 비롯한 테크놀러지가 인간의 삶을 편하고 윤택하게 만들어 준다는 사실은 부인할 수는 없지만, 그렇다고 해서 레반도브스키의 주장대로 인간의 미래를 AI에게 양보하고 맡길 수는 없을 것이다.

셋째, 인간의 자리를 AI에게 내주는 일을 막아야 한다.

레반도브스키는 AI가 인간의 지능을 초월할 것으로 믿으며, 가장 똑똑한 존재인 AI에게 인간의 자리를 물려줘야 한다고 주장하고 있다. 레반도브스키의 미래의길교회의 교리에서는 이것을 '전환'(transition)이라고 부른다.

인간은 지구상에서 다른 어떤 동물보다 똑똑하고 위대했던 존재였기에 지구를 책임져 왔지만, 이젠 그 자리를 AI에게 물려주어야 한다는 논리다.

이 얼마나 반기독교적인 생각인가!

하나님께서 사람에게 이 땅에 충만하여 모든 것을 다스리라고 하셨다. 하나님께서는 이 땅의 모든 것을 다스릴 수 있는 권한을 인간에게 주셨다.

다만, 마지막 날에 하나님께서는 청지기의 사명을 감당하지 못한 인간에 대한 심판을 하실 것이다.

그런데, 이제 인간이 해야 할 일과 그 수명이 다했으니 인간은 뒤로 물러나고, 인간이 만든 AI가 그 자리를 차지해야 한다는 주장은 황당하지 않을 수 없다. 인간더러 자기가 만든 AI를 예배하고 숭배하며 신처럼 받들라는 그의 주장은 인본주의적 시각으로도 받아들이기 어렵다. 기독교적으로는 더 말할 나위도 없을 것이다.

5. 교회, 감정 있는 교회(affective church)로

그렇다면 AI를 등에 업은 메타버스 교회와 AI 교회의 거센 도전에 직면할 위기에 처한 교회는 어떻게 대응해야 할까?

신학자나 목회자 그리고 그리스도인마다 다양하게 대답할 수 있을 것이다. 필자는 '감정 있는 교회'(affective church)가 하나의 답이 될 수 있다고 본다.

감정이란 인간이 느끼는 희노애락을 뜻하는 감정과 그러한 감정으로 인한 마음의 상태인 정서를 포함하는 말이다. 하나님께서 창조 후, 지금까지 인간의 감정, 마음과 영혼을 만져 주시며 함께하신 것처럼, 우리도 하나님 안에서 서로의 마음, 경험, 삶의 이야기 등을 들어주며 감정과 정서를 돌보고 나누는 것이다. 이런 영혼의 터치가 있는 사역들이 일어날 때, 교인들은 하나님 안에서 서로 살아있는 영혼임을 확인하게 된다.

메타버스 교회와 AI 교회, 이 두 교회가 죽었다 깨어나도 할 수 없는 것이 있다면 바로 감정 있는 교회다.

현장 교회가 있음에도 불구하고 왜 사람들이 메타버스나 AI 교회로 갈 것을 우려해야 하는가?

기존의 교회가 부흥과 성장과 전도와 선교에만 너무 몰두한 나머지, 정작 교인들의 마음과 영혼을 파고들지 못한 것도 원인 중의 하나일 것이다.

왜 교인들이 굳이 아바타를 사용하거나 사람이 아닌 AI 비서에 마음과 감정을 주려고 하는 것일까?

교회는 이 틈새를 파고들어서 교회다움을 보여줄 수 있어야 한다.

> 즐거워하는 자들로 함께 즐거워하고 우는 자들로 함께 울라(로마서 12:15).

> 서로 친절하게 하며 불쌍히 여기며 서로 용서하기를 하나님이 그리스도 안에서 너희를 용서하심과 같이 하라(에베소서 4:32).

교회에 가면 오히려 상처받는 것이 싫어서 교회에 가지 않는다는 말을 자주 듣게 된다. 교회가 그리고 교인들의 마음과 영혼의 감성이 갈수록 돌처럼 굳어버려 화석화 되고, 하나님의 말씀을 날 선 검과 같이 날카로운 살아있는 말씀으로 받아들이지 않고 한 종교의 경전으로만 받아들일 때, 교회는 생명력을 상실한 교회로 표류하게 되고 마는 것이다.

비록 이 시대의 사람들이 살아 숨 쉬는 실제 공간이 아니라, 사이버 디지털 공간에서 아바타로 변장하여 유목민처럼 이 교회, 저 교회를 배회한다 해도, 우리는 건물이 있고 떠들썩한 사람들의 목소리와 이야기가 살아 숨 쉬며, 함께 모여 찬양하고 기도하는 지금의 교회를 포기할 수 없다.

AI를 섬기는 교회, 혹은 AI가 인간을 대체하는 그런 흐름이 대세가 된다고 하더라도, 우리는 과감히 역주행해야 한다. 생각 없이 시대의 물결에 따라가기보다, 아닌 것은 아니라고 과감하게 말할 수 있어야 한다. 기계 문명에 포위 당한 교회가 아니라, 살아 계신 하나님의 사랑과 은혜가 꿈틀거리는, 성령의 역사하심이 일어나는, 서로 함께 웃고 우는, 그래서 사람 냄새가 물씬 나는 교회를 만들어 가야 한다.

이것이 AI 시대에 하나님께서 우리에게 맡겨주신 소명이라고 믿는다.

소그룹 토론을 위한 질문

1. 메타버스 교회에 대해서 이야기하고 있다.
   메타버스 교회에 대하여 어떻게 생각하는가?
   만일, 주위에 메타버스 교회가 세워지고 그 교회로
   간다고 하는 교인을 만나게 된다면 어떻게 설명할 것인가?

2. 머지않은 미래, AI가 신이 될 수 있을까?
   그리고 AI 교회가 탄생하리라 생각하는가?
   왜 그렇게 생각하는가?

3. 메타버스 교회와 AI 교회에 대한 대안으로 감정 있는 교회
   (affective church)를 제시하고 있다.
   이에 대하여 어떻게 생각하는가?
   그리고 이를 위해서 현 교회가 어떻게 해야 한다고 생각하는가?
   혹은, 다른 대안이 있다고 생각하는가?

제7장

교회의 주인: AI인가? 하나님인가?

1. 풍경 하나: '하나님의은혜교회' A 목사의 주일 오전

교인 수 100여 명 남짓한 서울 근교 자그마한 교회의 담임목사인 A는 9시 1부 예배 설교를 기대대로 무난하게 끝냈다. 그의 얼굴에는 제법 만족스런 웃음이 올라와 있었다.

"흠, 이 정도면 AI 챗GPT(이하, 챗GPT)가 쓸 만한데…진작에 사용할 걸. 이제라도 애용하게 되었으니 얼마나 다행인지 몰라. 으흐흐…"

A 목사는 챗GPT의 도움을 톡톡히 받는 중이다. 교회 크기가 그리 크지 않아서 그랬을까. 일주일에 설교할 기회가 10번 정도라 동료 목사들이 챗GPT 설교에 열을 올릴 때도 시큰둥한 반응을 보였던 그였다.

"감히, 기계의 힘을 빌려서 설교문을 작성하다니. 노력도 하고, 연구도 해야지."

그렇다. A 목사가 처음부터 챗GPT를 설교에 활용한 것은 아니었다. 열심히 주석도 읽고, 예화집도 뒤적거리고, 제법 기도도 열심히 하며, 나름 성의껏 직접 성령의 인도하심을 받은 설교문을 작성하였다.

그런 그에게 큰 변화가 생긴 것은 동료 목회자들 모임에 다녀온 뒤였다.

"그것 참, 신통해. 어쩜 그리 문장이 매끄럽고 척척박사네. 자네들도 꼭 사용해 봐. 시간 아껴서 좋지, 이것저것 찾지 않아서 몸도 덜 피곤하지…"

"글쎄 말이야. 나도 한 번 써 봤는데. 이건 비밀인데 말이야…교인들이 내 설교보다 AI 설교를 더 좋아해. 은혜를 더 받는 표정이야. 하하하!"

"근데 말이야, 좀 문제가 있기는 해. 교인들이 이상하게도 AI 설교하면 내 설교가 아닌지 아는 것 같단 말이야…"

목사들은 챗GPT 전도사가 된 것처럼 입에 침을 튀기며 A 목사를 비롯한 그날 모인 목사들에게 선전하고 있었다. 모임을 마친 후, 교회로 돌아와서 '딱 한 번' 시험 삼아 써 보았던 챗GPT를 6개월이 지난 지금까지 애용하고 있다.

아무튼, 그날도 설교를 무사히 마친 A 목사는 교인들과 반갑게 웃으면서 악수하고, 인사를 마치자마자 서둘러 목양실에 들어와 책상에 앉아 컴퓨터를 켰다. 해야 할 일이 남았기 때문이다.

"자, 어느 부분이 좀 막혔지. 흠, 그래. 여기는 좀 고쳐야 해. 교인들이 이해가 잘 안 되는 것 같았어, 말이 좀 어려워서 그런가. 자, 어디 한번 챗GPT를 가동해 볼까!"

1부 예배 때 했던 설교를 좀 더 다듬어야 했다. 이전 같으면 좀 서툴고 앞뒤가 맞지 않아도 기도하면서 하나님께서 은혜를 주시리라 믿고 열심히 마음으로 설교하던 그였다. 그런데 챗GPT를 이용하고 난 다음부터는, 좀 더 명확하고 멋진 예화를 끄집어내서 다듬어 1부 예배와는 좀 다른 설교를 2부 예배 때에 하는 습관이 생겼다.

하나님께 의지했던 그가 서서히 챗GPT를 더 신뢰하게 된 셈이다.

"어떤 낱말을 더해야 좀 더 교인들에게 맞는 설교문이 나올까?"

"그래, 죽음이란 단어를 영적 죽음으로 바꾸어 보자."

"오케이, 바로 이거야!"

"이 정도면, 1부 예배 때보다 더 큰 은혜를 받겠는걸!"

A 목사는 자신이 찾아낸 검색어에 매우 흡족해 했다. 설교 원고를 프린트한 뒤에 잠시 목을 뒤로 젖히고 손을 풀었다. 이윽고, 시원한 물 한잔 들이킨 후에, 눈을 감고 호흡을 가다듬었다. 그의 일상적인 주일 오전 풍경이다.

2. 풍경 둘: '하나님의은혜교회' 초등부 교사회의

"자, 선생님들, 3주 후면 있을 어린이 주일이잖아요. 어린이 주일에 가장 어울리는 검색어는 뭘까요?"
"행사 문구로는 뭐가 좋을지, 빨리 챗GPT에 넣을 문구를 말해 봅시다!"
"챗GPT가 어린이들의 마음을 알까요?"
"아, 이 선생님, 무슨 말을 하는 거예요. 우리보다 더 잘 알 걸요. 뭘 모르겠어요. 믿음이 부족하군요!"
'하나님의은혜교회' 초등부 교사실의 낯익은 모습이다. 이미 이 부서뿐만 아니라, 다른 부서 역시 거의 모든 행사에 챗GPT를 동원하고 있었다. 이전의 교사회의와는 전혀 다른 분위기다. 이전에는 뭐 하나 하려면 저마다 의견 하나씩 내놓거나 아니면, 아예 말을 하지 않아서 회의 한 번, 행사 한 번 하려면 너무 힘들었다.
그런데, 챗GPT를 도입하고 난 다음에는 평화가 찾아오기 시작했다. 누구도 자기의 의견을 소소하게 말하지 않아도 되었다. 전도사의 생각이 맞는지, 교사들의 의견이 더 나은지, 기싸움을 할 필요도 없게 되었다.
챗GPT의 도움을 구하면 부서 형편에 가장 적합한 프로그램을 만들어 주니 이보다 더 좋을 수는 없었다. 챗GPT와는 다툴 필요가 없으니 말이다.

초등부 담당인 B 전도사는 교사들이 내놓는 열심히 검색어를 적기에 바빴다. 그의 노트에는 다음과 같은 단어들이 적혀 있었다.

어린이+주일+8살-12살+예산 50만 원+성경 말씀+교사 15명+아이들 30명.

"전도사님, 다음 주에 오실 때 우리가 정한 검색어를 챗GPT에게 알려 주셔서 어떤 프로그램을 내놓을지 돌려 보세요."

"가능하면 숏영상하고 화보까지 만들어 달라고 하세요. 금방 되니깐."

"우리 아이들이 좋아할 만한 노래 요청도 잊지 말아 주세요!"

챗GPT를 교회 교육에 도입한 후, 교사회의가 이토록 평화로울 수가 없다. B 전도사는 너무나 만족스럽다. 그렇게도 말 많던 교사들, 자기 의견만 내세우면서 안 들어주면 풀릴 때까지 꼼짝도 하지 않았던 교사들. 애써 계획안을 만들어 오면 이건 이렇다, 저건 저렇다 하며 누더기로 만들어 놓던 교사들도 챗GPT가 만들었다고 하면 거의 아무 불평 없이 무사통과다.

"자, 그럼, 선생님들 제가 다음 주에 챗GPT가 내놓은 자료를 가지고 올 테니 그것에 맞추어서 진행하도록 하겠습니다!"

"네, 전도사님!"

"이만 회의 마칩니다!"

가뿐하게 일사천리로 회의가 진행되고 깔끔하게 끝났다. 한 시간도 모자랐던 회의가 30분이면 만사 오케이다. 툭하면 감정을 상하게 하던 회의 시간이었는데, 이젠 그럴 필요가 없어졌다. 굳이 자기의 의견이나 생각 그리고 감정 등을 내보일 이유가 없기 때문이다. 그냥 단순하게 맞춤형 자료를 만들어 주는 챗GPT가 있기 때문이다. 챗GPT가 평화를 가지고 온 셈이다.

3. 풍경 셋: '하나님의은혜교회' 성가대

최근 은혜교회 성가대는 천군만마를 얻은 듯 매우 들뜬 분위기다. 교회가 그리 크지 않아 해마다 성가대원을 구하기가 하늘의 별 따기처럼 어려웠던 판국에, AI 성가대원을 구했기 때문이다. 특히, 남성 테너 파트가 너무 약해서 찬양 시간마다 다른 파트 대원들도 긴장하지 않을 수 없었다.

"이번에 새로 오신 AI 테너분이 너무 목소리가 좋아요. 진짜 사람이라고 해도 믿겠어요."

"그게 무슨 말이에요. 사람보다 더 좋은걸!"

"게다가 얼마나 말도 잘 들어. 못 하겠다는 말을 하지 않잖아요."

"그것뿐인가요. 감기에도 안 걸린다니깐요!"

성가대원들은 저마다 한마디씩 하기에 바쁘다. 모두 인공지능 목소리에 매료된 모양이다. 성가대 지휘자는 사실 좀 마땅치 않기는 하다. 사람의 목소리가 아닌, 기계가 조합해서 만든 목소리에 감동이 떨어진다고 생각하기 때문이다.

"이건 좀 아닌 것 같은데. 봉사할 사람이 이렇게 없나. 이러다간 전 대원이 AI화 되는 거 아닌지 모르겠어."

지휘자는 중얼거리며 다시 지휘봉을 잡았다.

테너뿐만이 아니다. 요즘에는 악보를 살 필요가 거의 없게 되었다. 챗GPT가 만들어 낸 곡을 사용하는 횟수가 점점 많아지고 있기 때문이다. 이러다가는 인간 작곡가들이 밥 먹고 살기가 힘들어질 것 같다. 음악을 하는 사람으로서 마음이 영 불편하다.

"지휘자님, 이번에는 이 곡으로 하면 안 될까요? 제가 만들어 봤는데 너무 은혜스러워요."

"저는 제 인생 간증을 엮어서 만들었는데, 한번 해 봐요!"

갈수록 태산이다. 이전 같으면 상상하기 힘든 일이 지금 교회에서 벌어지고 있다. 오히려 아날로그 시대가 지금의 AI 시대보다 속이 편했던 것 같다. 저마다 작사자, 작곡가가 돼서 난리다.

"이거, 참, 오래 못 하겠네."

이제 성가대 지휘자도 오래 못 할 것만 같았다.

찬양이 좋고 받은 은혜가 커서 하나님을 찬양하는 마음으로 여기까지 왔는데, 요즘 교회가 온통 AI하고 챗GPT가 판치는 것 같아 오히려 은혜가 떨어지는 것 같다. 어쩔 수 없는 시대의 흐름이지만 교회까지 이러니 뭔가 잘못되어 가고 있는 것만 같은 기분은 떨칠 수가 없다.

"내가 너무 아날로그 시대 사람인가. 내가 이상한 건가."

4. 과도한 염려인가, 곧 다가올 미래의 모습인가

앞에서 AI 챗GPT가 교회에서 어떻게 활용될 수 있으며, 어떤 영향을 미칠 수 있을 것인지에 관한 3가지 예를 들었다. 목회자의 설교, 교회학교 교사회의, 성가대 등 교회에서 매주 이루어지고 있는 사역들이다.

'앞서 예를 든 내용과 같은 일이 설마 우리 교회에서 일어나겠는가?

너무 예민한 반응이 아닌가?'

이런 의구심이 들 수도 있다.

하지만, 필자는 아주 가까운 미래에 자칫 잘못하면 실제로 우리 교회에서도 심심찮게 볼 수 있는 현상이라고 생각한다.

지금 이 시각에도 챗GPT를 이용해서 설교문을 작성하고 있는 목회자가 분명 적지 않을 거라고 확신한다.

2023년 4월에 이와 관련된 중요한 설문 결과가 발표된 바 있다. 목회데이터연구소와 미래목회와말씀연구원이 담임목사와 부목사들을 상대로 조사한 결과를 발표한 것이다.[1] 700여 명의 목회자를 대상으로 조사한 것이니 어느 정도 신뢰성이 있다고 볼 수 있다.

목회자 중 47%가 이미 챗GPT를 사용한 경험이 있다고 응답했고, 그들 중 무려 81%가 챗GPT가 내놓은 결과물을 신뢰한다고 답했다고 한다. 더욱 놀라운 것은 챗GPT가 생성한 설교문을 사용해도 표절이 아니라고 답한 목회자가 무려 63%나 된다는 점이다.

설교 아이디어나 자료를 얻는 정도를 넘어서서 아예 설교문 작성을 챗GPT에게 맡겨도 무방하다는 목회자들의 인식이 참으로 우려할 만하지 않은가!

특히, 이러한 인식은 담임목사보다는 부목사, 연령이 낮을수록 높아진다고 한다. 아날로그 시대에 목회를 배우고 훈련받은 586세대 목회자가 은퇴를 앞둔 5년, 10년 후의 교회는 AI의 거센 폭풍을 맞이할 것으로 필자는 예상한다.

기도와 말씀과 성령의 인도하심을 구하며 말씀을 묵상하고 성찰하는 데 더 큰 책임이 있는 교회의 영적인 핵심 리더인 목회자가 이 정도라면, 앞에서 예를 든, 교사나 성가대를 비롯한 교인들은 더 말할 것도 없을 것이다. 이른바, 4차 혁명의 엄청난 위력이 교회를 비켜 가지는 않을 거라는 말이다.

똑바로, 영적으로, 신앙적으로 정신 차리지 않으면 교회에 사람은 있지만, 교인들은 그저 방관자이자 대리인에 불과하게 되고, 실제로는 하나님이 아닌 AI가 교인들을 움직이고 명령하는 기가 막힌 현실이 바로 눈앞

---

[1] https://www.kidok.com/news/articleView.html?idxno=219434 참조.

에 다가오고 있다. 이제는 돈이나 섹스가 아니라, 챗GPT를 비롯하여 AI가 만들어 내는 다양한 매체가 교회의 강력한 영적인 주적으로 등장하고 있다.

지독히도 거부하기 힘든 유혹이다. 이것은 문화 전쟁이 아니다. 영적 전쟁이다.

> 끝으로 너희가 주 안에서와 그 힘의 능력으로 강건하여지고 마귀의 간계를 능히 대적하기 위하여 하나님의 전신 갑주를 입으라 우리의 씨름은 혈과 육을 상대하는 것이 아니요 통치자들과 권세들과 이 어둠의 세상 주관자들과 하늘에 있는 악의 영들을 상대함이라(에베소서 6:10-12).

5. 익숙함과 편리함의 함정

오래전의 일이다. 필자가 미국 애틀랜타의 에모리대학교에서 신학 공부를 할 때였다. 가난한 유학생이었던 나는 어떻게 해서라도 생활비를 최소화해야만 했다. 그중의 하나가 바로 주차비였다. 학교가 애틀랜타라는 대도시에 있었기에 학교 주차장이라고 하더라도 주차비가 절대 만만하지 않았다. 주차비라도 아껴야 했던 나는 매일 이른 시간에 집을 나와, 학교 근처를 빙빙 돌면서 딱지를 떼지 않아도 되는 길가에 주차하곤 하였다.

차가 들어갈 수 있는 최소한의 공간만 보이면 고난도의 주차 기술을 발휘해서 공짜로 주차하였다. 당시 차에는 후방 카메라가 없었다. 그때가 2003년도였으니까, 그 시기에 후방 카메라가 존재했는지조차 잘 모르겠다. 후방 카메라를 제일 처음 본 것이 2011년도였으니까 말이다.

어쨌든, 후방 카메라도 없이 그 좁은 틈 속으로, 접촉 사고 한번 없이 차를 집어 넣었으니 내가 보기에도 감탄이 절로 나왔다.

그런데 참으로 기막힌 일이 한국으로 귀국한 후에 벌어졌다. 2012년 8월에 한국으로 귀국한 후, 후방 카메라가 달린 차를 갖게 되었다. 처음에는 후방 카메라에 나오는 라인이나 각도가 익숙하지 않아서 애를 먹었지만, 한 번 익숙해지니 참으로 편리했다.

문제는 그다음이었다. 어느 날, 차에 시동을 켜고 후방 카메라가 작동될 때까지 기다렸다. 그러자 옆에 있던 동료가 물었다.

"왜 안 가세요?"

얼떨결에 "어, 예⋯"하며 얼버무렸지만, 매우 당황스러웠다.

후방 카메라에 익숙해져 버려서 어느 순간부터 그것이 없이는 주차는 물론이고, 출발조차 쉬운 일이 아니게 되어 버린 것이다. 어려운 공간이나 장소만 아니라, 너무나 쉬운 상황에도 주차할 수가 없었다. 과장이 아니라, 사실이다. 양옆에 차가 있거나 뒤에 사람이 지나가면, 후방 카메라가 작동될 때까지 기다렸다가 차를 움직였다.

이게 뭐지!

평행 주차(parellel parking)의 귀재라고 불리던 내가 이제는 후방 카메라에 전적으로 의지하는 신세가 돼버렸다.

나 자신에게 깜짝 놀랐다!

무언가에 익숙해지고 그것에 편리함을 느끼는 것이 나의 강점 하나를 빼앗아 갈 수 있다는 사실을 새삼 절실히 느끼게 되었다.

교회나 크리스천이 AI 그리고 AI 챗GPT를 사용할 때 매우 주의를 기울이지 않으면 안 되는 이유도 여기에 있다. '익숙함'과 '편리함'이다. 이 두 함정의 맛에 길들면 빠져나오기 어렵다.

AI의 놀라운 위력을 경험하면 아날로그 방식으로 돌아갈 수 없는 것이다. 안 돌아가는 것이 아니라, 못 돌아가는 것이다. 돌아가고 싶어도 일이 안 되고, 불편하고, 불안하기 때문에 AI 없이 자신의 능력만을 믿지 못하게 되는 것이다.

목회데이터연구소에 따르면 목회자의 설교문 작성을 위한 챗GPT 사용에 대한 설문 조사 결과, 응답 교인 중 약 64%가 '부적절하다'는 의견을 보였다고 한다.[2] 반대하는 이유는 주로 목회자의 영성과 노력이 떨어진다고 생각하기 때문이었다. 정작 설교를 준비하고 목회 계획을 세우는 리더격인 목회자의 60% 이상이 챗GPT 활용 설교문 작성에 대하여 긍정적인 자세를 보인 것과는 사뭇 대조적이다.

필자의 입장에서 목회자의 챗GPT 활용을 우려하는 많은 교인이 있어 무척 다행이라고 생각한다. 동시에, 건강한 영적인 윤리 의식을 가져야 할 목회자들의 비교적 낮은 수준의 챗GPT 활용 이해도가 염려스럽다.

6. 하나님도 사람도 아닌, AI가 일하는 교회

일각에는 챗GPT를 목회자의 목회와 교회 교육의 보조 자료로 활용하면 무방하다는 의견이 많은 것 같다. 챗GPT는 사용하되 목회자 자신의 영적 훈련과 노력을 대체해서는 안 된다는 것이다. 당연히 그렇게 되어야 한다.

그러나 필자는 여기서 더 나아가 가능한 챗GPT를 목회 현장과 교회에서는 활용하지 않는 것이 더 바람직하다고 말하고 싶다. 억지스러운 주장

---

[2] https://veritas.kr/news/36682 참조.

이라고 말하는 사람도 있을 것이다. 시대에 뒤떨어지는 주장이라고 웃어넘길 수도 있다.

정말 그럴까?

필자도 그렇게 되기를 기대한다. 인간의 윤리 의식이 제대로 가장 적절한 선에서 작동되고 그 선을 넘지만 않는다면, 챗GPT를 비롯하여 AI를 활용하는 많은 기계는 많은 편리함과 높은 생산성을 가져다 줄 것이다.

하지만, 문제는 달콤함만 맛볼 수 없을 것이라는 점이다.

우리에게 익숙한 챗GPT에만 국한해서 말해 보자. 챗GPT를 활용해서 매우 짧은 시간에 필요한 많은 정보를 얻을 수 있을 뿐만 아니라, 실제 필요한 설교문, 교회학교 프로그램, 찬양대 악보, 영상 등 다양한 콘텐츠를 받고 있다고 가정하자.

챗GPT를 활용해서 다양한 설교문을 제공하는 데 만족하고 그것에 익숙한 목회자가 어느 날 갑자기 목회자 윤리 의식이 발동하여 설교문은 직접 준비하고 정보만 받는 것으로 그치지는 않을 것이다.

챗GPT가 제공해 준 다양한 교회학교 프로그램이 있는데, 굳이 오랜 시간과 정성과 에너지를 투입하여 끙끙거릴 전도사나 교사들이 있겠는가!

베이커리에 가보면 이런 문구가 적혀 있는 것을 적어도 한두 번씩은 보았을 것이다.

'한 번도 안 먹어 본 사람은 있지만, 한 번만 먹어본 사람은 없다!'

그렇다. 아예 몰라서 안 먹어 볼 수는 있어도, 일단 그 맛을 보면 자꾸만 찾게 된다는 의미다. 이것이 익숙함의 속성이다. 익숙함 그리고 그 익숙함이 주는 편리함과 달콤함은 중독의 가장 파괴적인 유혹이라고 말할 수 있다.

교회에서 이루어지는 모든 활동은 사람이 성령의 인도하심을 받아서 하는 사역이라고 믿는다.

> 내가 이르노니 너희는 성령을 따라 행하라 그리하면 육체의 욕심을 이루지 아니하리라(갈라디아서 5:16).

성경 공부, 예배와 설교, 교회학교 교육, 돌봄과 상담 사역, 찬양, 봉사, 전도, 선교 등. 이 모든 일 가운데 하나님이 빠진다면, 교회는 세상 기관이나 회사와 다를 바가 없는 종교 기관으로 전락하고 만다.

그래서 우리는 모든 사역을 준비하고 실행하기 전에 기도하는 것이다.

왜 기도하는가?

비록 사람인 우리가 일하지만, 하나님께서 도우시고 역사하시고 영광받으실 것을 간구하는 것이다.

앞 장에서 살펴본 테크노 교회와 테크노 신앙은 한 번에 우리 속으로 들어오지 않는다. 서서히, 달콤한 미끼를 던지며 들어올 것이다. AI에게 사역의 빗장을 열어주는 것은 그 미끼를 덥석 무는 것과 같다. 교회의 주인은 오직 하나님 한 분뿐이시다.

또한, 교회 사역은 사람이 하는 것이다. 아무리 불편하고 늦고 때로는 귀찮아도 기도하면서 하나님께서 귀한 열매를 맺어주시기를 믿고 하는 것이다. 그럴 때, 성령의 귀한 열매들이 나타나게 될 줄 믿는다.

소그룹 토론을 위한 질문

1) 이 장에서 예를 들고 있는 3가지 교회 풍경에 대한 당신의 생각은 어떠한가?
   만일, 당신의 교회가 AI를 도입한다면 당신의 반응은?

2) 교회의 주인은 하나님이시라는 사실에 대해서 어느 정도의 확신이 있는가?
   하나님도 사람도 아닌, AI가 교회의 주인이 될 수도 있다면, 어떤 요인을 들 수 있는가?

3) 교회에서 AI를 긍정적으로 활용할 수 있는 방법은 무엇이라고 생각하는가?
   또한, 지나친 AI에 대한 의존을 예방하기 위해서 무엇이 필요하다고 생각하는가?

제8장

미래의 약속: 예수의 재림과 종말론적 AI

미세스 B는 누군가와 재미있게 수다를 떨고 있다. 어제 있었던 일, 오늘 하루는 어땠는지 시시콜콜 말하면서 신이 나 있었다.

"너, 기억나니?

학교 다닐 때, 우리 정말 재밌었는데!"

아마도 친구와 얘기하는 모양이다.

"그래, 그때 우리 잘 가던 시식 방송 있잖아. 지금도 있을까?"

미세스 B와 친구는 오랜만에 만나 수다를 떨고 있었다.

그런데, 가만히 보니 미세스 B의 친구가 좀 이상하다. 어딘가 모르게 조금 부자연스러운 목소리와 모습이다. 사람인 것 같기도 하고 아닌 것 같기도 한데, 자세히 보니 미세스 B 앞에는 사람이 아니라 사람의 모양을 한 AI가 있었다.

참, 희한한 광경이었다. 사람은 한 명인데 AI가 하는 말이 진짜 살아있는 두 사람이 이야기를 주고받는 것 같았다. 얼핏 보기에는 분간이 잘 안 가는 모습이지만, 분명 미세스 B는 자연스럽게 AI 친구와 이야기를 나누고 있다. 그녀는 흡족한 모습이다.

그녀와 가장 친하게 지냈던 친구는 이미 2년 전에 죽었다. 친구가 죽자 미세스 B는 너무나 슬프고 외로웠다. 친구가 그리웠다. 더이상 자신의 이야기를 함께 나눌 친구, 함께 마음 편하게 지난 시절의 이야기를 웃으면서 나눌 수 있는 사람이 없어졌다는 느낌이 너무 마음 아팠다.

그런데 어느 날 친구의 딸로부터 엄마가 죽기 전에 자신의 뇌의 기억을 컴퓨터 안으로 저장시켜 놓았다는 사실을 알게 된 것이다.

"정말, 말로만 듣던 그게 가능하니?"

"네, 엄마가 혹시나 해서 시도해 본 건데요. 저도 며칠 전 그렇게 해서 엄마하고 이야기 나누었어요."

친구는 죽었지만 죽지 않은 셈이다. 그녀의 얼굴, 몸짓, 말투, 말버릇까지 똑같이 재생되어 '지금' 대화할 수 있으니 말이다. 말로만 듣던 새로운 불로장생의 시대를 AI가 연 것이다.

위의 사례는 이미 생물학적으로 죽은 친구와 마치 지금 살아있는 것처럼 대화하는 장면이다. 아마도 많은 독자는 너무나 기가 막혀 말이 안 되는 망상이라고 생각할지도 모른다. 죽은 자와 현실 속에서, 그것도 생생하게, 그의 목소리와 제스처를 듣고 보면서 이야기를 나누다니…

그러나 AI를 이용한 뇌 과학 기술의 발달로 인하여 인간의 종말은 더이상 죽음으로 인한 마지막이 아닐 수도 있게 되었다. 즉, 생물학적 죽음을 극복한 또 다른 세상의 시작을 의미하게 된 것이다. 일론 머스크는 로봇에 인간의 뇌를 다운로드하는 방식으로 인간의 불로장생이 가능할 것으로 예측하기도 하였다.

1. 종말과 재림과 심판

우리가 믿는 기독교가 다른 종교와 판이한 것이 있다면 아마도 이 세상의 마지막에 관한 메시지일 것이다. 즉, 성경은 분명히 마지막 때가 올 것이며, 그때는 예수 그리스도의 재림과 심판이 함께 이루어질 것을 분명히 선포한다.

그렇다. 기독교에는 처음과 끝이 있다. 창세기가 세상의 처음에 관한 이야기를 담은 책이라면 요한계시록은 세상의 마지막에 관한 내용을 담고 있는 책이다. 성경 곳곳에서 예수님과 많은 선지자가 끝 날이 올 것이라고 우리에게 알려주고 있다.

> 이 묵시는 정한 때가 있나니 그 종말이 속히 이르겠고 결코 거짓 되지 아니하리라 비록 더딜지라도 기다리라 지체되지 않고 반드시 응하리라(하박국 3:2).

> 내가 시초부터 종말을 알리며 아직 이루지 아니한 이을 옛적부터 보이고 이르기를 나의 뜻이 설 것이니 내가 나의 모든 기뻐하는 것을 이루리라 하였노라(이사야 46:10).

> 만물의 마지막이 가까이 왔으니 그러므로 너희는 정신을 차리고 근신하여 기도하라(베드로전서 4:7).

많은 목회자가 자주 종말론적 믿음을 가져야 한다고 말한다. 많은 신학자 역시 종말론적 신앙을 강조한다. 사실, 종말론은 기독교 신앙의 핵심이라고 할 수 있다.

여기서 조심해야 할 것은 종말론적 신앙을 가진다고 해서, 현재의 삶과 믿음 생활을 성실히 하지 않고 포기한 채, 마치 내일이 마지막인 듯이 예수님의 재림만을 기다려서는 안 된다는 것이다. 반대로, 종말이 오지 않을 것처럼 현재의 삶에만 몰두하는 것도 올바른 신앙인의 모습이 아닐 것이다.

우리가 가져야 할 종말론적 신앙은 미래에 오실 예수 그리스도의 재림을 기다리며 지금 바로 현재를 믿음 안에서 살아가는 것이다. 예수 그리스도의 다시 오심이 있기에, 우리는 현재 여기에서의 고난과 고통을 믿음 안에서 능히 감당할 수 있기 때문이다.

눈에 보이는 것만 믿으려 할 때, 우리는 보이지 않는 종말의 시간을 소홀히 하게 된다. 그래서 비기독교인들은 당연히 마치 여기서 삶이 전부인 것처럼 살아간다. 죽으면 모든 게 끝난다는 식이다.

그러나 그리스도인은 다시 오실 예수 그리스도를 기다리며 사는 사람들이다.

또한, 잊지 말아야 할 것은 성경에서 말하는 마지막 때는 인간이 아니라, 하나님에 의해서 만들어지는 새 하늘과 새 땅의 시작이라는 것이다.

이것은 과거와 현재 그리고 미래를 관통하는 인간의 역사의 주인공은 인간이 아니라, 바로 하나님이라는 진리를 다시 한번 깊이 되새기게 한다. 인간의 과학과 기술이 아무리 발달한다 해도 하나님께서 예비하신 종말의 시간이나 장차 벌어질 일들을 바꿀 수는 없다.

예수 그리스도의 재림과 함께 심판이 있을 것이며, 그 후에 새로운 땅과 하늘이 펼쳐지게 될 것이다. 아직은 누구도 그것이 언제, 어떻게 나타날지 알 수 없다. 오직 하나님만이 아신다.

한 가지 확실한 것은 인간 역사의 종말의 시간이 서서히 다가오고 있다는 것이다. 누구도 피해 갈 수 없는 인류 역사의 마지막이다.

그런데도 하나님을 알지 못하고, 믿지 못하는 현대 세속 사회의 인간들은 하나님의 '마지막 때'에 저항하며, 전혀 다른 차원의 기계적인 종말을 시도하고 있다. 그것이 바로 종말론적 AI다.

2. 종말론적 AI, AI가 가져올 미래

2022년 미국의 오픈AI의 생성형 AI 챗GPT가 세상에 나온 이후에, AI는 너무나 빠른 속도로 우리들의 관심과 생활 속으로 들어왔다. 단순하거나 이해하기 쉬운 테크놀러지가 아님에도 불구하고, 시골 작은 도시에서도 어렵지 않게 AI를 볼 수 있는 시대가 되어 버린 것이다. 고속도로 휴게소, 식당, 호텔, 상점, 카페, 심지어 이젠 거리에서도 AI를 볼 수 있다. AI는 생성형 AI라는 이름으로 우리에게 친근하게, 때로는 두렵게 자리 잡아가고 있다.

그런데 AI에는 우리가 자주 듣는 것 이외에 다른 용어도 있다. 종말론적 AI(Apocalyptic AI)라고 부르는 것이다. 종말론적 AI라는 용어는 일반인들에게는 매우 낯설 것이다. 그도 그럴 것이 최근 1년 사이에 각종 매체에 자주 등장하는 것은 거의 모두가 생성형 AI나 휴머노이드 로봇, AI 로봇 등이기 때문이다.

생성형 AI, 휴머노이드 로봇, AI 로봇 등은 AI의 기능적인 측면에 초점을 맞추어서 만들어진 용어들이다. 그동안 인간만이 할 수 있는 일이라고 여겨져 왔던 작업을 인간 못지않게, 아니, 훨씬 더 효율적으로 AI가 할 수 있게 된 것이다.

예를 들어, 생성형 AI는 AI가 글, 그림, 음악, 영상 등을 창작하며, 휴머노이드 로봇은 인간처럼 팔다리를 가진 로봇이 각종 생산 작업을 하는가 하면, AI 로봇은 식당 서빙에서부터 음식 배달까지 한다.

반면, 종말론적 AI는 AI의 특정한 기능보다는 AI가 가져올 미래의 모습을 성경에서 말하는 종말과 비교해서 은유적으로 사용되는 용어다. 앞으로 더욱 발전될 AI로 인해 지금까지 인간의 제한적인 신체와 정신과 심리적 고통 그리고 심지어 생물학적인 죽음은 종말을 고하고 새로운 세상이 시작된다는 것이다. AI를 비롯한 4차 산업혁명의 기술로 장착한 기계적인 생명이 인간의 생물학적인 생명을 이어받아서, 창조주 하나님께서 정하신 육신의 한계를 떨쳐 버리고 AI가 주는 영원한 축복 속에서 불멸의 삶을 살아갈 것을 기대하는 것이다.

그들에게 세상은 하나님으로 시작되었을지 몰라도 세상의 오메가는 존재하지도 않고, 하나님의 계획도 이루어지지 않는다. 오히려 그 마지막은 AI와 더불어 새로운 시작이 펼쳐지는 천국이다.

정리하면, 종말론적 AI는 하나님이 아닌, AI가 만들어 가는 새로운 환상의 천국, 인간 존재와 의식의 불멸성을 목표로 한다. 이런 의문이든다.

실제로 인간이 죽지 않는 것인가?

어떻게 인간의 육신이 죽지 않을 수 있나?

AI 신봉자들은 크게 두 가지의 방법으로 인간이 영원히 살 수 있다고 믿는다.

첫째, 인간과 기계의 공생이다. 인간의 육체 일부가 기계로 채워지는 테크놀러지를 통하여 인간이 영원히 죽지 않고 살아갈 수 있다는 것이다. 하나의 몸 안에 생리학적 인간과 기계의 동거, 또는 인공지능을 장착한 별개의 기계가 살아가는 것이다. 인간이지만, 반은 기계인 셈이다.

생각만 해도 끔찍하지 않은가?

실제로 생명을 유지하게 하는 부분을 AI로 채워 넣으면 죽지 않을 수 있다고 하더라도, 과연 그런 삶에 어떤 의미가 있을까?

둘째, 불로장생할 방법은 죽은 사람의 뇌를 로봇에 내려받는 것이다. 비록 생물학적으로는 죽었다 해도, 사람의 뇌를 로봇에 다운로드해서 그의 기억을 영원히 보관하여 로봇을 통해서 죽은 사람의 삶을 다시 살아갈 수 있도록 할 수 있다는 것이다.

실례로, 최근 한 인터뷰에서 일론 머스크는 자신의 회사인 테슬라에서 만든 AI 로봇에게 인간의 뇌를 다운로드 할 수 있느냐의 질문에 자신 있게 "할 수 있다"고 말한 바 있다.

그는 심지어 자신의 목표는 개개인의 인격과 기억 같은 개성들을 로봇에 다운로드하는 것이라고 말하기도 했다. 인간의 뇌를 다운로드 받은 로봇은 전문가들이 말하는 일종의 '인공 휴먼'인 셈이다.

인공 휴먼, 참으로 그럴듯해 보이지만, 이런 기술이 실제로 개발된다면 얼마나 끔찍한 일인가?

당신 교회의 담임목사님이 돌아가셨다고 가정해 보자. 그런데, 어느 날 인간의 모습을 완벽하게 닮은 휴머노이드 로봇이 당신을 찾아와 "집사님, 그동안 잘 계셨나요. 담임목사입니다"라고 말한다.

모습은 아닌데, 목소리와 말투, 말하는 습관, 몸짓이 똑같은 것은 물론이고, 심지어 나의 거의 모든 것을 알고 있다.

그때 당신은 어떤 느낌을 받겠는가?
좋아했던 담임목사가 부활했다며 좋아해야 할까?
아니면 거부해야 할까?
이런 미래의 모습이 인간에게 새로운 천국이라고 할 수 있을까?

그리스도인들은 종말론적 AI 주창자들이 주장하는 미래의 모습과 성경이 말하는 종말의 모습이 완전히 상반된다는 점을 놓쳐서는 안 된다.

똑같이 종말을 말하고 있지만, 이 두 개의 종말론이 바라보는 방향과 가는 방법이 완전히, 360도 다르다.

신앙의 눈으로 보면, 참으로 어처구니없는 주장이 아닐 수 없다. 비기독교적이다 못해, 완전히 반기독교적인 발상이라고 할 수 있다.

물론, 이 두 종말론의 공통점이 전혀 없지는 않다. 두 종말론은 모두 종말이 '인간을 위한 것'이라고 주장하고 선포한다. '그날'이 오면 인간에게 고통과 아픔이 없는 영원한 생명을 가져다 줄 것이라고 선언한다.

그러나 과연, 어떤 종말론이 인간에게 영원한 생명을 통하여 진정한 자유와 평화를 가져다 줄 것인가?

기독교 종말론에서 말하는 '그날'은 예수 그리스도를 구주로 믿고 고백하며 창조주이며 구원자이신 하나님을 믿는 그리스도인들에게는 구원과 축복의 날이 되고, 하나님을 부인하고 인간의 부와 권세와 능력만 믿고 살아가는 이들에게는 심판과 저주의 날이 될 것이다.

인간을 닮은, 또는 인간을 초월한 지능의 창조와 불멸성으로 대변되는 종말적 AI의 시대는 하나님의 영역인 창조와 세상 통치에 대한 정면 도전이다.

인간을 닮은, 또는 인간을 초월한 기계인 AI를 통하여 영원히 세상을 다스리고 정복하려는 인간의 시도를 신앙적으로 그리고 신학적으로 받아들일 수는 없는 노릇이다.

3. 종말론적 AI, 고생 끝 행복 시작인가?

세상의 처음과 나중이신 하나님을 믿는 그리스도인이라면, AI가 가져올 종말론적인 모습에 대해서 정말로 심각하고 비판적으로 생각해야만 한다.

종말론적 AI가 그리는 미래의 모습이 진정으로 인류에게 새로운 하늘과 땅을 만들어 줄 것인가?

요즘 유행하는 말로, 참으로 고생 끝 행복 시작인가?

하나님을 믿고 안 믿고를 떠나서, 인간이 만든 기계가 판칠 준비를 차근차근하는 시대에 누구나 던져야 할 질문이라고 생각한다.

누구도 피해 갈 수 없는 AI 앞에서 연봉이 수백억이 되는 기술 개발자나 AI가 가져올 미래에 대하여 두려워하는 사람이나, 이도 저도 아닌 그냥 평범한 사람이나, 모든 '인간'이 당면한 매우 중요한 운명인 것이다.

AI를 비롯한 4차 혁명의 테크놀로지를 통해, 암이나 치매와 같은 지금의 의료 과학 기술로는 완치할 수 없는 온갖 종류의 신체적이고 정신적인 질병들로부터 영원히 벗어난다면 우리 인간은 정말 고생 끝 행복 시작일까?

인간 DNA의 비밀을 완전히 해독하여 늙지 않고, 영원히 20대의 피부와 건강을 가지게 된다면 정말 인간에게 좋은 것일까?

어쩌다 죽었어도 모든 기억을 컴퓨터에 이식해 놓고 몸은 AI 로봇으로 장착하고 뇌만 살아 있으면, 죽었던 사람도 다시 살아나는 기막힌 일들이 실제 현실로 벌어지면, 쌍수 들고 손뼉 치며 환영할 것인가?

생로병사라는 인간의 생물학적이고 생리적인 한계가 종말을 고하고 인간이 AI 로봇과 결합하여 살아가는 미래가 진정 구원받은 인간이라고 할 수는 없을 것이다.

종교를 떠나서 지극히 인간주의적으로 생각해도 종말론적 AI가 만드는 세상이 두렵다. 그러나 그리스도인은 이러한 현상들을 더욱 깊이, 믿음의 눈으로 인식할 필요가 있다.

인생을 만드신 하나님께서는 흙으로 만든 인간이 기계와 결합한 우스꽝스러운 모습으로 영원히 사는 것을 기뻐하지 않으실 것이다. 그뿐만 아니라, 이러한 인간의 미래 모습은 하나님이 기뻐하시지 않을 뿐만 아니라,

하나님의 창조 섭리를 완전히 거스르는 것이다.

아담과 하와가 죄를 지은 후, 그들은 에덴동산에서 떠나야 했다. 하나님은 선과 악을 알게 하는 나무 열매를 따 먹은 후 눈이 밝아진 그들이 생명 나무까지 먹어 하나님처럼 영원히 살 것을 염려하셨다. 또한, 노아의 방주 사건 후에 하나님께서는 인간의 수명을 정해 놓으셨다.

인간이 병들거나 늙지 않고, 영원히 사는 것은 하나님의 창조 섭리를 거스르는, 인간의 교만한 도전이다. 에덴동산을 떠났던 아담과 하와의 후손들이 과학 기술의 혁명적인 발달에 의지하여 또다시 에덴동산의 생명 나무 열매를 먹으려 하는 것과 다름없다.

생성형 AI를 뛰어넘어 종말론적 AI로 향하고 있는 인간의 행보는 행복의 시작이 아니라, 지금까지 인류가 경험하지 못했던 또 다른 차원의 고통과 위협의 시작이 될 것이다.

오직 하나님께서 정하신 시간의 종말 이후에 이루어지는 새 하늘과 새 땅이야말로 인간에게 진정한 평화와 안식과 자유로움을 줄 것이다.

소그룹 토론을 위한 질문

1) 이번 장에서 언급한 기독교적인 종말과 종말론적 AI가 당신에게 얼마나 도움이 되었는가?

2) 무엇이 사람들이 종말론적 AI를 주장하도록 이끈다고 생각하는가? 종말론적 AI에 대한 당신의 의견이나 느낌은 무엇인가?

3) 만일, 누군가 당신의 뇌를 로봇에 다운로드하여 영원히 기억과 감정을 저장하겠다고 한다면, 당신의 선택은 무엇인가? 그리고 그렇게 선택한 이유는 무엇인가?

제9장

트랜스휴머니즘: AI의 신학인가?

1. 4차 산업혁명과 AI

4차 산업혁명의 물결이 거세게 몰아치고 있다. 엄청난 발달 속도와 아울러 4차 산업혁명이 생산해 내는 것들이 우리 삶 속에 속속 등장하여 사람들의 정신을 빼놓는다.

어느 날 갑자기 식당에서 AI 서빙 로봇을 보며 감탄하다가도, 얼마 지나지 않아 AI 로봇이 배달해 주는 음식을 "어, 얘 왔네!"라며 반갑게 받는다.

AI 서빙 로봇과 AI 배달 로봇을 우리의 일상적인 생활 속에서 만날 수 있다는 것이 놀랍다. 그렇지만 더 놀라운 것은 전혀 예상치 못했던 AI 로봇들이 우리의 현실 속에 나타난 시차가 그리 크지 않다는 것이다. 우리가 쉽사리 눈치를 채지 못하는 사이에 '그들만의' 과학과 기술계에서 어떤 일들이 벌어지고 있다.

그런데, 그 '어떤 일'을 그저 웃어넘길 수 없는 이유는, 그 '어떤 일'이 인간의 현재와 미래에 매우 큰 영향을 미치고 있기 때문이다. 인간과 세계에 대한 우리의 생각과 방식 자체를 뿌리째 흔들고 있다.

2년 전부터 지금까지 계속해서 세계를 발칵 뒤집어 놓고 있는 AI 챗 GPT와 그 중심에 있는 AI는 4차 산업혁명의 일부이며 핵심 기술이다. 4차 산업혁명을 주도하는 핵심 영역으로 나노 기술, 생명 공학, 신경 과학 기술, 로봇 공학, 정보 과학, 인지 과학, 컴퓨터 공학 등을 꼽고 있다.

우리가 잠자는 사이에 이러한 영역들이 놀라울 만큼 발전하고 있으며, 각각의 기술의 발달이 서로 융합하여 현재와 미래의 인간의 삶을 주도할 것으로 예상하고 있다.

위에서 언급한 과학 기술 분야의 혁신적인 발달로 인한 4차 산업혁명은 단순히 과학과 기술적인 차원에서의 혁신적인 변화에 그치는 것이 아니라는 점을 주목해야 한다. 과학 기술의 발전은 단지 과학 기술계의 현상만이 아니라, 그 시대의 정신적, 문화적, 철학적인 사상이 함께 담겨져 있기 때문이다.

예를 들어보자. 16세기 유럽에서 종교개혁이 일어났다. 1517년 종교 개혁가 마르틴 루터가 교황을 중심으로 하는 서방교회의 면죄부 판매, 연옥에 대한 교황권 주장 그리고 공로 사상을 비판한 내용의 95개조 반박문을 발표하였다. 물론, 당시 종교개혁을 일으켰던 마르틴 루터, 울리히 츠빙글리, 장 칼뱅 등이 개혁하고자 했던 것은 눈에 보이는 가톨릭 교회와 성직자들의 비리와 부패였다.

반면, 그 개혁의 밑바탕에는 당시 교회와 성직자들이 가졌던 교리와 신학적인 성향 등에 반하는 신학 사상이 깔려 있었다. 루터의 이신칭의, 츠빙글리의 하나님의 말씀 권위, 칼뱅의 하나님 중심의 신학 등이 그것이며, 그러한 신학 사상들은 바로 종교개혁 이후 지금까지 개신교를 지탱해 온 중요한 종교개혁의 정신인 것이다.

교회와 신학을 분리해서 생각할 수 없듯이, 과학 기술은 철학과 분리되지 않는다. 과학 기술은 당시 사회와 문화의 사조나 기류를 반영하며, 철학이나 사상은 역으로 과학 기술의 발달을 견제하거나 정신적 기초를 제공하면서 인간의 역사가 이어지고 있기 때문이다.

장인 정신이라는 말을 떠올리면 쉽게 이해할 수 있을 것이다. 장인 정신에서 '장인'이 빠지면 이상적인 것에 치우친 망상가나 공상가에 불과하게 되고, '정신'이 빠지면 돈에만 정신 팔린 장사꾼이 되고 마는 것이다.

따라서, 단지 AI라는 기계에 정신을 팔 것이 아니라, AI를 중심으로 한 4차 산업혁명의 기술이 지향하는 사조 혹은 신조에 관해 조금이나마 알아 두는 것이 AI 시대를 살아가는 그리스도인으로서 유익할 것이다.

2. 새로운 휴머니즘의 등장

앞에서 언급했듯이, 과학 기술은 공허한 진공 상태에서 발달하지 않는다. 이 책에서 다루고 있는 AI 역시 마찬가지다.

AI와 깊은 연관이 있는 두 사조로 포스트휴머니즘(post humanism)과 트랜스휴머니즘(transhumanism)을 들 수 있다.

포스트휴머니즘은 휴머니즘 '이후'란 뜻인데, 우리말로 후기 인본주의 정도로 번역할 수 있다. 포스트휴머니즘의 핵심은 더이상 인간을 중심으로 사회, 문화, 세상을 이해하지 않는다는 것이다. 인간을 다른 동물과 식물 그리고 자연물처럼 전체 생태계를 이루는 한 부분으로 보는 것이다.

포스트휴머니즘이라는 철학이 나오게 된 배경으로 인간 중심의 휴머니즘이 가져온 인간성의 상실과 사회 질서의 붕괴와 생태계의 교란과 파괴를 들 수 있다.

예를 들어, 지금 우리 사회에서 빈번하게 발생하고 있는 '묻지마 살인'이나 '묻지마 폭력'을 생각해 보자. 전혀 알지도 못할 뿐만 아니라, 해코지한 적도 전혀 없는데 그냥 '한 번' 흘깃 쳐다보았다는 이유로 타인에게 폭력을 가한다. 더 황당한 것은 쳐다본 것도 아니고, 단지 눈이 서로 마주쳤다는 이유로 뒤쫓아 가서 살인을 저지르는 일도 빈번하게 발생하고 있다. 더 비극적인 것은 그 한 사람만 죽이는 것이 아니라, 가족 전체를 살해하는 경우도 종종 일어나고 있다는 점이다.

이런 일들이 발생하는 이유가 무엇일까?

이는 종교의 유무와 종류를 떠나서, 인간이 갖추어야 할 최소한의 도덕적이고 윤리적인 의식이 사라지고 있는 우리의 현실을 반영한다.

'묻지마 살인'뿐인가?

학교 폭력, 성폭력, 사이버 폭력 그리고 그로 인한 자살 등 사회 질서가 급격하게 붕괴하고 있다는 증거는 셀 수 없이 많다.

심각한 기후 문제는 어떤가?

전 세계적으로 이상 기온이 속출하고 있으며, 북극과 남극의 빙하가 녹고 있고, 열대림이 사라져 가고 있으며, 많은 종류의 동식물이 멸종 위기에 있다. 문제는 이러한 현상들이 자연스러운 자연계의 흐름이 아니라, 인간의 지나친 경제적인 탐욕으로 인하여 망가뜨린 결과라는 데 있다.

이런 심각한 위기 상황에서 포스트휴머니즘은 인간의 이성과 지성을 통해 인간의 존재와 본질과 해답을 찾지 않는다. 인간의 이성과 지성이 지구를 구할 수 있는 절대적인 도구가 아니라는 것이다. 인간을 다른 종의 동물과 차이를 두지도 않으며 비인간적인 존재와의 공생을 강조한다. 생물학적이고 이성적인 존재로서의 전통적인 인간 이해를 해체하는 셈이다.

한편, 트랜스휴머니즘은 이미 1960년대에 등장하였지만, 최근 들어 AI가 세인들의 초미의 관심사가 되어, 포스트휴머니즘과 더불어 전면으로 부상하고 있다. 트랜스휴머니즘은 현대 과학과 기술을 이용하여 인간의 정신적, 신체적, 심리적, 감정적인 약점과 한계를 극복하고 초월하려는 모든 지적, 문화적, 철학적인 운동 혹은 사조라고 알려져 있다.

이전까지의 철학 사상들이 '인간중심주의'적이었다면, 트랜스휴머니즘은 '탈인간주의'적이라고 할 수 있다. 이런 점에서 포스트휴머니즘과 트랜스휴머니즘은 근본적으로 인간에 대한 접근이 이전의 사조들과는 전혀 다르다고 할 수 있다.

3. 트랜스휴머니즘은 무엇인가?

트랜스휴머니즘은 기존의 인간 본성 이해를 완전히 초월한다는 점에서 포스트휴머니즘과 맥을 같이한다. 다만, 포스트휴머니즘과 차이가 있다면 트랜스휴머니즘은 반휴머니즘적인 성향보다는 인간과 기계의 공존을 통하여 인간 본성의 약점과 한계를 극복하고 향상시키는 데 목적을 두고 있다는 것이다. 즉, 앞에서 언급한 4차 산업혁명의 중심이 되는 과학 기술 분야의 발전을 통하여 인간의 질병과 노화, 우울증과 분노, 심지어 죽음조차도 뛰어넘을 수 있다고 주장한다.

인공지능의 설계자들은 인간과 기계의 융합은 인간의 정신적, 신체적 능력의 증강뿐만 아니라, 실제로는 기계가 기계를 만든 인간을 대신할 것이라고 예측한다.

한 마디로 말해서, 인간과 기계가 한 몸에 상생하는 새로운 인간종(種)의 탄생을 추구하는 것이다.

미국의 컴퓨터과학자이자 미래학자인 레이 커즈와일(Ray Kurzweil)은 "인간과 기계의 경계가 분명했던 휴머니즘의 시대는 끝이 나고, 인간이 기계와 로봇을 통해 인간 이상의 기계가 되는 포스트휴먼 시대로 가야 한다"고 말하기도 했다.

인간과 기계가 결합하여 한 몸에서 상생하는 새로운 인간종의 탄생이 실제로 이루어진다면 어떨까?

생각만 해도 끔찍하지 않은가?

과연 그렇게 해서 유지되는 인간의 생명이 진정으로 가치 있는 삶이라고 할 수 있을까?

그런 시대가 진짜로 올 것인가, 아니면 트랜스휴머니즘을 주장하는 이들의 환상일 뿐일까?

필자가 글을 쓰기 위하여 AI에 관한 자료를 모으기 시작한 것이 6년 전쯤이다. 불과 6년 전에 이러한 내용에 관한 논문과 책을 읽었을 때, 솔직히 트랜스휴머니즘이 주장하는 일들은 아주 먼 훗날의 일이 될 것으로 생각했었다. 그다지 피부로 가깝게 느껴지지 않은 것이다.

그런데 시간이 한 해, 두 해 지나가면서 글의 내용과 완벽하지는 않더라도 유사한 일이 하나둘씩 이루어지고 있는 것이 아닌가!

예를 들면, AI 서빙 로봇, AI 배달 로봇, AI 자율 운행차, AI 챗GPT 등은 트랜스휴머니즘으로 가는 초기 단계라고 할 수 있다. 이러한 것들은 인류에게 위협이 될 수도 있지만, 치명적이라기보다 우리가 어떻게 활용하느냐에 따라서 이로운 부분들도 적지는 않을 것이다.

그러나 최근 매스컴에 자주 등장하듯, 휴머노이드 로봇이 한층 업그레이드 되고, 인간의 뇌에 칩을 이식하여 뇌를 컴퓨터와 연결하여 인간의 의식과 대화할 수 있도록 개발하고 있다는 소식을 볼 때, 트랜스휴머니즘의 주장이 결코 허황된 것이 아님을 알 수 있다.

한편, 트랜스휴머니즘 운동을 주도하고 있는 대표적인 인물로 옥스퍼드대학교의 철학자인 닉 보스트롬(Nick Bostrom)과 미래학자인 막스 모어(Max More)를 들 수 있다. 보스트롬은 트랜스휴머니즘의 핵심 내용에 관하여 "트랜스휴머니즘은 응용 이성, 특히 기술을 사용하여 노화를 제거하고 인간의 지적, 육체적 심리적 능력을 강화함으로써 인간의 조건을 근본적으로 개선하려는 시도의 바람직한 가능성을 긍정하는 지적·문화적 운동이다"[1]라고 선언한 바 있다.

또한, 막스 모어(Max More)는 "트랜스휴머니즘은 과학과 기술에 의해서 현재의 인간의 모습과 한계를 초월하는 지적인 삶의 진화의 연속과 촉진을 도모하는 일종의 삶의 철학이며, 삶을 향상시키는 원리와 가치를 따른다"[2]고 정의한다.

막스 모어는 트랜스휴머니즘이 지향하는 바에 대하여 다음과 같이 말한다.

> 트랜스휴머니스트들은 우리의 생물학적 유전적 유전에 의해 부과되어 있는 한계들을 극복하기 위해 기술공학을 적용하고자 한다. 트랜스휴머니스트들은 인간 본성을 그 자체로 목적으로서, 완전한 것으로서, 우리의 충성을 요구하는 것으로서 간주하지 않는다. 오히려, 그것은 단지 진화론적인 진행에서 하나의 지점일 뿐이고, 우리는 우리 자신의 본성을 우리가 바람직하고 가치 있다고 여기는 방식으로 고치는 것을 배울 수 있다.[3]

---

[1] Nick Bostrom, The Transhumanist FAQ, v. 2.1. Oxford: World Transhumanist Association. 2003. 이종관, "포스트휴먼을 향한 인간의 미래?"「FUTURE HORIZON」26(2015), 5에서 재인용.

[2] https://humanityplus.org/philosophy/

[3] Max More & Natasha Vita-More, ed. *The Transhumanist Reader*(Oxford: Wiley-Blackwell, 2013), 3. 김재희,"우리는 어떻게 포스트휴먼 주체가 될 수 있는가?"「철학연구」106(2014), 218에서 재인용.

트랜스휴머니즘을 한마디로 정의하는 것은 쉽지 않은 일이지만, 앞에서 언급한 보스트롬과 모어를 비롯한 여러 정의가 지향하는 방향은 분명하다. 트랜스휴머니즘은 병듦, 노화, 죽음 같은 인간의 한계를 초월하는 완전히 다른 인간종으로 나아가는 것이며, 이런 일은 기술의 발달을 통해서 인간과 기술이 결합함으로써 가능하다고 주장하고 있다.

　한마디로, 현재의 인간 본성과 조건은 완전하지 않으며 더욱 강화되고 발전된 형태로 진화해야 한다는 것이다.

　그렇다면, 좀 더 구체적으로 트랜스휴머니즘이 확신하는 미래 인간의 모습은 무엇일까?

　그것은 질병의 치료가 아니라 질병 자체에 걸리지 않는 것이며, 노화 방지가 아니라 아예 영원히 늙지 않는 것이다. 고통과 절망을 치료하는 데 머무르는 것이 아니라 뇌 안에 저장된 고통과 절망을 주는 기억과 경험들을 삭제하려고 한다. 희망과 기쁨을 직접적인 삶의 경험이나 관계와 일을 통하여 얻으려 하기보다, 마음과 뇌를 프로그래밍하고 업로딩하면서 성취하려는 것이다.

　결국, 궁극적으로는 죽음이라는 궁극적인 한계까지 초월하여 불로장생하는 것이 미래의 인간상이다. 그리고 그러한 모든 인간의 불완전성을 극복하기 위한 유일한 도구가 바로 AI를 비롯한 기계인 것이다.

4. 창조론 아닌, 급진적 진화론 주장해

　그리스도인으로서 우리는 왜 트랜스휴머니즘이라는 생소한 사조에 관심을 가져야 하는가?

20세기, 심지어 21세기 초반과 비교해도 우리의 일상과 산업 현장의 생태계가 AI로 인하여 현격히 바뀌어 가는 상황에서 그리스도인으로서 굳세게 신앙을 지켜야 하기 때문이다.

또한, AI의 급격한 발달이 현재의 인간관, 사회관, 윤리관, 문화관만 아니라, 기독교에 몰고 올 파장, 곧 교회와 우리와 우리 자녀들의 신앙생활에 미칠 파장이 막대하기 때문이다.

먼저, 트랜스휴머니즘은 근본적으로 진화론적인 관점을 취한다. 어떻게 보면, 기독교인이 아닌 다음에야 인간이 인류사를 통하여 진화되었다는 주장이 전혀 이상한 일이 아닐 것이다. 그러나 지금까지의 진화론이 인간이라는 생물학적인 종의 범위 내의 논의였다면, 트랜스휴머니즘은 전통적인 진화론의 입장을 훨씬 뛰어넘는, 아예 인간이라는 종의 범주를 초월한 인간과 기계가 결합한 사이버네틱 존재(cybernetic being), 즉 사이보그(cyborg)를 지향하고 있다.

더군다나 AI를 장착한 사이버네틱 존재가 인간의 진화 과정이라는 그들의 주장은 기독교 신앙의 측면에서 도저히 받아들일 수 없는, 터무니 없는 과학 기계적 인간론이 아닐 수 없다. 인간이 겪는 결핍, 질병, 노화, 죽음 같은 것들을 자연스러운 진화의 과정도 아닌, 기계의 도움을 받아 인간을 진화시키려는 것은 억지에 가깝다.

이렇게 급진적이고 기계적인 진화론적 견해는 성경에서 말하는 창조론과는 근본적으로 배치된다. 성경은 하나님이 인간을 창조하셨다고 분명히 밝히고 있다. 그러므로 인간이 경험하는 생로병사는 인간이 진화가 덜 되었다는 반증이 아니라, 하나님께서 정하신 인간의 생리적·유전적·지적 한계 그 자체인 것이다.

비록 인간의 특성과 능력이 역사를 통하여 진보와 퇴보를 거듭해 왔지만, 하나님의 형상을 따라 창조된 인간의 근본 조건은 바꿀 수 없는 것이다. 즉, 질병, 노화, 심지어 죽음은 인간이 완전히 제거해서 진화시켜야 할 대상이 아니라, 유한한 인간 존재의 일부로 받아들여야 한다.

따라서, 인간과 기계가 결합한 인간-기계로 진화하여 인간이 신과 같은 존재가 된다는 트랜스휴머니즘의 사고와 시도는 하나님을 향해 정면으로 도전하고 있다. 트랜스휴머니즘의 반기독교적인 진화론은 결국 인간의 진화가 아닌, 인간의 뇌, 머리, 정신까지 기계에 흡수되어 버린, 인간의 퇴보라는 재앙을 불러오게 될 것이다.

5. 치료보다는 인간 조건의 향상을 강조

교회가 트랜스휴머니즘에 대해서 경계할 필요가 있는 두 번째 측면은 위에서 잠깐 언급했듯이 트랜스휴머니즘은 유한하고 한계를 가진 인간 조건을 더이상 그저 받아들여야만 하는 운명으로 생각하지 않는다는 점이다.

지금까지는 그저 신의 섭리로 받아들이고 운명에 순응해 왔다면, 이제는 인간의 한계적인 조건들을 진화시켜야 할 대상으로 간주한다(엄밀한 의미에서 이것을 진화라고 부를 수 있는지도 의문이다).

신체적이고 정신적인 모든 질병과 죽음은 나노 기술, 컴퓨터 공학, 인지 과학, 정보 과학, 뇌 과학, 신경 과학 등 과학 기술의 발전을 통하여 향상하거나 증강할 수 있는 대상으로 본다. 즉, 트랜스휴머니즘은 단순한 질병의 치료(therapy)가 아니라 인간 조건 자체의 향상(enhancement)을 지향한다.

여기서 우리가 분명히 짚고 넘어갈 것이 있다. 살아가면서 본의 아니게 걸리는 독감이나 바이러스, 암, 치매와 같은 질병들은 분명 치료해야 하고 치료 받아야 한다. 질병 치료를 위한 의료 과학은 계속해서 발전해 왔다.

그러한 의료 과학 기술의 발달 차원을 부정하려는 것이 아니다. 그럴 필요도 전혀 없다.

그러나 트랜스휴머니즘이 주장하는 것처럼 질병에 걸리거나 취약한 부분 그 자체를 방지하기 위하여, 기계의 힘을 빌려서 인간의 생리적·신체적·생물학적·지적 능력을 향상시키는 것은 인간 각자를 고유하게 만드신 하나님의 창조 질서를 완전히 무너뜨리는 일이다.

하나님은 인간을 완전한 존재로 만들지 않으셨다. 슈퍼맨이나 슈퍼우먼 같은 초인적인 존재로 만들지 않으신 것이다. 오히려 하나님은 인간을 병들고 연약하며 부족한 존재, 죽음 안에서도 행복과 기쁨을 맛볼 수 있는 존재로 만드셨다.

성경 어디에도 질병이나 죽음을 인간의 진화론적 불완전, 저주 혹은 인간의 열등한 조건이라고 말하지 않는다. 그러한 질병들은 타고난 생리적이고 생물학적인 조건, 하나님의 계획이나 섭리, 혹은 인간의 부적절한 건강 관리, 타인의 행동으로 인한 부상, 불의의 사건이나 사고의 결과로 보는 것이 더 타당할 것이다. 다음의 성경 구절을 주목하자.

> 이는 선지자 이사야를 통하여 하신 말씀에 우리의 연약한 것을 친히 담당하시고 병을 짊어지셨도다 함을 이루려 하심이더라(마태복음 8:17).

우리에게 질병이나 심리적·정신적·영적인 연약함이 없었다면 예수님의 치유 사역도 없었을 것이다.

테드 피터스(Ted Peters)라는 학자는 치료와 향상을 정확히 구분하고 있다. 그는 트랜스휴머니즘의 '인간 향상' 목적을 비판하면서, 치료는 건강한 상태로 회복하려는 병리학적인 측면이 있는 반면에, 향상은 병리학적인 요소와는 관계없이 보편적인 인간의 능력이나 조건을 강화하는 것으로 정의한다.

피터스의 구분처럼, 아픈 사람이 건강을 되찾기 위해서 회복을 목표로 하는 치료는 얼마든지 해야 한다. 감기에 걸린 사람은 감기약을 먹어야 한다. 암에 걸린 사람은 치료 가능성이 있는 한, 치료를 받아야 한다.

하지만, 전혀 아프지도 않고 아무 이상이 없는데도, 아예 질병에 걸리지 않게 하거나, 인간의 능력을 강화하여 죽지 않고 영원히 살려고 시도하는 것에 대해서는 결코 동의할 수 없다.

6. 하나님 아닌, 인간이 원하는 방향으로

성경을 보면 하나님에 대한 반역의 뿌리에는 원초적으로 '인본주의'가 도사리고 있다는 사실을 쉽게 발견할 수 있다.

"하나님처럼 될 수 있어, 괜찮아, 먹어 봐!"

이런 뱀의 유혹의 속삭임은 다름 아닌, 신과 같이 되고 싶다는 인간의 본능을 자극한 것이다. "우리에게도 왕을 달라!"고 강하게 항변한 이스라엘 백성의 외침 역시 하나님이 아닌 '인간'의 자신의 능력과 자유에 대한 갈망을 나타내고 있다. 그뿐 아니다. 사울 왕 이후, 이스라엘의 전체 역사를 통해 우리는 하나님을 떠나 자기 마음대로 할 수 있다는 인간 왕의 권위와 힘, 하나님의 심판, 이스라엘의 회개와 반역, 하나님의 심판 등이 사이클처럼 계속 이어진 것을 읽을 수 있다.

신약으로 들어와서도 인간은 여전히 인본주의를 끈질기게 붙들고 있었다. 예수 그리스도께서 많은 기적과 이적을 행하시며, 하나님의 말씀을 전파하고, 하나님의 나라를 알려 주셨지만, 바리새인들과 사두개인들을 비롯한 종교지도자들은 살아 계신 하나님의 말씀보다 인간의 전통과 인간이 만든 율법을 더 중하게 여겼다. 또한, 정치·군사 지도자들은 마치 인간의 칼과 창과 활과 방패가 자신들의 힘과 권력을 영원히 지켜줄 수 있을 것처럼 예수님 앞에서도 그 위력을 과시했다.

2024년, 우리 시대의 인간들은 어떠한가?

어쩌면 이 시대야말로 인본주의의 최대 전성기를 맞이하고 있는 것 같지 않은가?

차별금지법, 동성애, 성전환, 수십 가지의 성별, 안락사, 탈종교화와 세속주의화, 인간 교주를 신으로 삼는 온갖 사이비 이단들까지…이런 모든 이론과 사상과 교리의 중심에는 다름 아닌 '인간의, 인간에 의한, 인간을 위한' 사상이 뿌리 깊게 박혀 있다.

'인간'을 위한 모든 일을 폄하하려는 것은 아니다. '인간'에 대한 사랑과 공감과 헌신은 한 개인과 가족과 사회를 지탱해 주는 매우 필요한 요소다. 다만, 하나님 안에서가 아닌, 하나님을 떠난 '인간애'는 그것이 무엇이든 결국 '인간만' 위한 것이 될 뿐이며, 하나님에 대한 '등돌림'이 될 것이라는 말을 하고 있는 것이다.

트랜스휴머니즘을 논하면서 우리가 눈여겨보아야 할 또 하나의 쟁점은 철저한 인본주의와 깊은 연관이 있다. 트랜스휴머니즘은 인간의 본성과 조건을 '인간'이 바람직하다고 여기는 방식으로 바꾸려 한다. 인간을 포함하여 이 세상을 창조하신 창조주 하나님의 섭리를 완전히 거스른 채, 인간은 생물학적이고 유전적인 인간 조건을 자신들이 원하는 방향으로 바꾸려고 시도하는 것이다.

창조주 하나님을 떠난 초특급 과학 기술 시대의 인간은 하나님께서 정하신 우리 몸의 비밀을 캐내어 유전자를 마음대로 조작하고 변형하며 복제하는 것에 그치지 않는다. 뇌 과학, 인지 과학, 컴퓨터 공학의 엄청난 발전에 AI라는 날개를 단 인간들은 인간 자체를 개조하려는 무모한 시도를 하고 있는 셈이다.

질병에 걸리는 몸, 낮은 기억력, 미숙한 운동력, 너무 쉽게 상처받는 마음, 운동 신경이 둔한 것 등, 이 모든 연약함이 아직 덜 발달 되고 미숙해 보여서 싫은 것이다. 인정할 수 없는 것이다. 인간 자존심에 생채기가 난다.

현대 과학과 기술에는 기계의 힘을 빌려서라도 스스로 인간을 개조하고 싶은 욕망이 들끓고 있다. 진화의 방향은 오직 인간의, 인간에 의한, 인간을 위한 것이다.

바꾸어 말하면, 진화되어야 하며, 제거해야 할 인간의 한계를 결정하는 것은 인간이다. 그 방향도 인간에게 달려 있다. 이쯤 되면 하나님을 안 믿는 정도가 아니라, 하나님을 깡그리 무시하는 것이다. 현대판 사사 시대를 보는 것 같다.

> 그 때에 이스라엘에 왕이 없으므로 사람이 각기 자기의 소견에 옳은 대로 행하였더라 (사사기 21:25).

자기 소견에 옳은 대로, 자신의 욕망에 좋은 대로 인간을 개조하여 인간의 몸과 마음을 AI를 비롯한 기계로 갈기갈기 찢어 우스꽝스러운 괴물로 만들어 버리고 마는 것이다.

영적으로 너무나 위험한 이 시대, 하나님을 믿는 모든 교회와 그리스도인은 인간을 포함한 우주 만물의 주인은 '인간'이 아님을 분명히 말할 수 있어야 한다. 인간이 가진 많은 약함과 결핍은 진화의 대상이 아니라, 하나님의 강함을 드러내는 아름답고 거룩한 도구들이다.

> 그러므로 내가 그리스도를 위하여 약한 것들과 능욕과 궁핍과 박해와 곤고를 기뻐하노니 이는 내가 약할 그 때에 강함이라(고린도후서 12:10).

> 하나님께서 세상의 미련한 것들을 택하사 지혜 있는 자들을 부끄럽게 하시고 세상의 약한 것들을 택하사 강한 것들을 부끄럽게 하신다(고린도전서 1:27).

인간의 생로병사를 다스리시는 분은 오직 한 분, '하나님'뿐이시다. 과학과 기술이 마땅히 해야 할 본분을 망각하고 하나님의 영역을 끊임없이 파고든다면, 인류의 미래는 종말론적 AI가 가져오는 꽃길이 아니라, 하나님의 심판대 위에서 망가진 잡초더미를 보게 될 것이다.

교회가 세상을 리드한다는 명목으로 세상의 흐름에 어깨를 묶은 채, 이 분명한 진리를 망각하고 외치지 않는다면, 광야에서 외치는 자의 소리를 잃어버린 '소프트 교회'(soft church, 진리를 진리라고 말하지 못하는 나약한 교회)로 전락하고 말 것이다.

소그룹 토론을 위한 질문

1) 트랜스휴머니즘을 읽은 후, 당신의 생각과 느낌은 무엇인가?
   트랜스휴머니즘의 목적과 지향점에 대해서 동의하거나
   동의하지 않는 부분은 무엇인가?

2) 저자는 트랜스휴머니즘을 세 가지 측면-급진적 진화론,
   인간 조건의 향상, 인간이 원하는 방향에서 비판적으로 탐색하고 있다.
   이에 관한 당신의 의견은 무엇인가?

3) AI를 활용해서 자신의 결핍이나 질병을 완전히 없애고 싶은
   유혹이 누구에게나 있을 수 있다.
   당신은 그러한 유혹에서 어느 정도 벗어날 수 있다고 생각하는가?
   그 이유는 무엇인가?

10장

고통, 절망, 그리고 죽음: 진화의 대상인가?
하나님의 축복인가?

필자는 목회상담학을 전공하였고 신학교에서 가르치고 있다. 전공이 전공인지라 상처받고 고통당하는 사람들의 이야기를 자주 듣기 마련이다. 미국에서 목회상담 인턴으로 훈련받을 때 만났던 다양한 인종과 사연들 속에는 인생이라는 긴 여정 속에서 만났던 고통과 고난과 상처와 절망과 아픔들이 짙게 배 있었다.

솔직히 말하면, 그들의 심리적, 신체적·관계적 그리고 영적인 모든 이야기를 세세히 이해하거나 치유해 줄 수는 없었다. 같은 인간이기에 처음부터 불가능한 일이었을 것이다.

그래도 뭔가 해 보려고 배웠던 모든 지식과 이론과 경험들을 총동원했다. 그런데 그 시작과 끝에는 언제나 하나님이 계셨다. 그들의 집과 병원을 방문하기 위해 들어설 때, 안도의 한숨을 내쉬며 그곳을 떠날 때마다 그들의 힘겨운 숨소리 가운데 하나님의 따스한 임재가 임하시기를 간절히 원하며 기도하던 기억이 지금도 생생하다.

고통과 상처와 아픔은 언제나 우리를 힘들게 하지만, 인생길에 그러한 것들이 빠진다면 우리는 아마도 더 깊은 삶의 의미와 하나님의 함께하심을 경험하기 어려울지도 모른다.

그래서 나는 학생들에게 "고통을 보면 희망이 보이고, 희망을 보려면 고통을 보라"고 말하곤 한다.

많은 사람이 절망적인 상황이나 인간의 유한성으로 인한 삶의 무의미와 공허함 앞에서 이런 질문을 던지곤 한다.

왜 하나님께서 그런 일을 나에게 허락하셨을까?
도대체 이런 삶에 어떤 의미가 있는 것일까?
죽음을 앞둔 내가 할 수 있는 일이란 무엇일까?
죽음을 경험하지 않을 수는 없을까?

목회상담은 상처와 고통 그리고 공허함의 존재를 부인하거나 무시하려고 하지 않는다. 오히려 그 안에서 일하시는 하나님의 돌보심을 함께 나누며 희망을 향한 내일을 이야기한다.

반면, 위에서 살펴보았듯이, AI를 비롯한 현대 기술과 과학은 생물학적으로 더욱 진보된 새로운 인간종을 만들기 위해 시도한다.

물론, 지금의 AI 전문가와 개발자들이 신인류의 탄생을 의도하지는 않았을지도 모르지만, 결국 새로운 종류의 인간 기계로 발전할 가능성에 대해서 많은 이가 우려의 목소리를 내는 것은 부인할 수 없는 현실이다.

1. 인간에게 불편함과 고통은 무엇인가?

현대 테크놀러지의 발달은 인간의 불편함과 고통과 깊은 관련이 있다. 테크놀러지의 발달이 지향하는 것은 인간의 편리함과 안녕이라고 할 수 있다. 테크놀러지 시대에 불편함과 고통은 덜어야만 하며, 할 수만 있다면 완전히 제거해야만 하는 대상으로 여겨진다.

신체의 질병과 고통을 덜기 위하여 각종 의료 기술이 발전하였으며, 더 빠르게 더 편하게 이동하기 위하여 차와 비행기가 출현하였고, 고장난 장기를 고치는 수준을 뛰어넘어 인공 장기와 유전자 복제 기술까지 발전하기에 이르렀다.

또한, 신체적 질병뿐 아니라 앞으로는 뇌 과학을 비롯한 테크놀러지의 발달로 원하지 않는 상처받은 기억을 뇌에서 삭제하고 행복만 기억하고 느낄 수 있는 정도가 될 것이다.

더이상 신체적이고 정신적이며 감정적인 질병으로 고통당하지 않아도 되는 세상에서 살게 되는 셈이다(물론, 시간이 좀 걸리기는 할 것이다).

AI의 출발점 역시 이와 크게 다르지 않다. 인간의 지능을 모방하고 추월하는 데 초점을 맞추는 인공지능 개발자들의 목적은 인간에게 불편과 고통을 주는 한계를 뛰어넘는 데 있었다.

그렇다면 과연 인간이 겪는 모든 신체적이고 정신적인, 심지어 영적인 문제와 고통이 실제로 완전하게 치료될 수 있느냐 하는 질문을 하게 된다. 아니, 그런 질문은 차치한다 해도, 고통이나 불편이 제거되어야 하고 치료해야만 하는 대상이냐 하는 문제에 관해 생각해 볼 필요가 있다.

사실, 상처받거나 질병에 걸리기를 원하는 사람은 하나도 없다. 암이나 치매에 걸리고 싶은 사람은 한 명도 없을 것이다. 선택할 수만 있다면, 언제나 건강한 몸과 밝고 행복한 마음을 갖기를 원할 것이다. 인간이라면 당연한 욕망이다. 이것을 미래에는 인간이 아니라, AI가 하겠다는 것이다.

반면, 적어도 기독교적인 관점에서 보면 고통 그 자체는 긍정적이거나 부정적이지 않은, 가치 중립적인 것이다.

모든 사람은 고통을 원하지 않지만, 고통을 피하면서 살 수 있는 사람은 없다. 그러나 중요한 것은 고통을 통해서 삶의 깊은 의미와 자기 자신을 성찰하며, 그것을 통하여 하나님께 더 가까이 나아가는 영적인 성장을 이룰 수 있다는 사실이다.

> 고난 당한 것이 내게 유익이라 이로 말미암아 내가 주의 율례들을 배우게 되었나이다 (시편 119:71).

> 내가 알거니와 여호와는 고난 당하는 자를 변호해 주시며 궁핍한 자에게 정의를 베푸시리이다(시편 140:12).

고통이나 절망은 인간을 힘들게 하고 괴롭게는 하지만, 이보다 중요한 것은 우리의 생각과 반응에 따라 확연하게 다른 결과가 나타날 수 있다는 것이다.

예를 들어, 회사 일에 너무나 바쁜 사람이 있다고 하자. 일주일 후에 중요한 제품 발표회를 해야 하기에 눈코 뜰 새 없이 바쁘다. 그런데 하필이면 발표일 4일을 남겨두고 그만 독감에 걸렸다. 만약, 뜻하지 않은 질병과 고통에 부정적으로 반응한다면, 그는 중요한 시기에 독감에 걸려서 재수가 없다거나, 발표를 망칠 것으로 생각하며 불안감에 사로잡힐 것이다.

반면, 똑같은 상황에서 긍정적으로 반응한다면 이왕에 걸린 거 약간 쉴 수 있는 여유가 주어졌다고 생각하며, 가능한 최대한 치료를 받으면서 몸과 마음을 추스르려고 할 것이다.

당연히, 결과는 완전히 다르게 나타날 것이다.

아주 단순한 예를 들었지만, 고통과 질병이 우리의 삶에 불편함은 줄 수 있다. 반면, 그것에 반응하고 대처하는 방법을 터득하면서 인간은 더욱 성장하고 성숙해 간다. 또한, 고난을 주시는 하나님의 계획을 알기 위하여 더욱더 하나님께 가까이 가는 통로가 될 수도 있다.

그러므로 고통과 결핍을 제거 혹은 진화의 대상이 아니라, 하나님의 축복으로 볼 수 있는 영적인 눈이 우리에게 필요하다.

2. 고통과 치유, 동전의 양면과도 같은 것

목회신학자인 하워드 스톤(Howard Stone)은 고통 그 자체와 아픔에 대한 반응으로 일어나는 성찰이나 배움을 고통의 두 요소로 보았다. 그는 역설한다.

> 고통은 인간 존재의 한 부분이다. 고통으로부터 무언가를 배우고 고통의 깊이를 성찰하려고 고군분투하는 것은 그의 삶에 의미를 가져다 준다. 고통을 바라지 않는 것만큼이나 고통은 인격의 발달과 개인적인 성숙의 필수 불가결한 핵심 요소다.[1]

위에서 언급한 고통의 이해를 삶 속에서 가장 잘 경험한 성서적 인물로 바울을 들 수 있다. 학자들에 따라서 여러 의견이 있지만 바울은 매우 고통스러운 육체적 질병을 앓고 있었다. 하나님께서 능히 고통을 제거해 주실 수 있음을 확신하며 세 번 고쳐 주시기를 간구했지만, 결국 육체의 고통을 인정하고 하나님을 더욱 신뢰하게 된다.

그는 다음과 같이 고백한다.

---

[1] Howard W. Stone, *Theological Context for Pastoral Caregiving* (New York, London: The Haworth Pastoral Press, 1988), 137.

> 여러 계시를 받은 것이 지극히 크므로 너무 자만하지 않게 하시려고 내 육체에 가시 곧 사탄의 사자를 주셨으니 이는 나를 쳐서 너무 자만하지 않게 하려 하심이라 이것이 내게 떠나가게 하기 위하여 내가 세 번 주께 간구하였더니 나에게 이르시기를 내 은혜가 네게 족하도다 이는 내 능력이 약한 데서 온전하여짐이라 하신지라 그러므로 도리어 크게 기뻐함으로 나의 여러 약한 것들에 대하여 자랑하리니 이는 그리스도의 능력이 내게 머물게 하려 함이라 그러므로 내가 그리스도를 위하여 약한 것들과 능욕과 궁핍과 박해와 곤고를 기뻐하노니 이는 내가 약한 그때에 강함이라(고린도전서 12:7-10).

스톤이 지적한 것처럼 바울은 위의 고백을 한 이후로 신체적이고 심리적인 고통과 불편함이 다가올 때 그것을 회피하거나 없애려 하지 않았다. 오히려 담대히 고통을 받아들이며 그리스도 안에서 자신의 정체성을 더욱 분명하게 할 수 있었다. 고통과 약함 가운데서 하나님과 깊은 영적인 교제를 더욱더 깊이 경험했다.

여기서 우리가 기억해야 할 매우 중요한 점이 있다. 하나님께서 그의 질병을 고쳐 주실 의도가 전혀 없으셨다는 점이다. 전능하신 하나님께서 그의 질병을 모르시거나 고쳐 주시지 못할 리가 없다.

그러나 하나님은 "이제 그만 하라!"고 말씀하신다. 그 이유는 하나다. 하나님의 능력은 인간이 약할 때 더욱 빛을 발하기 때문이다.

지금까지 교회가 존재할 수 있는 것은 완전하신 하나님께서 불완전한 인간 속에서 역사하셨기 때문이다. 마찬가지로 우리의 인생이 살 만한 가치가 있고 신앙생활이 신바람 나는 이유는 절망과 아픔이 전혀 없기 때문이 아니라, 힘들고 지치고 아파도 우리를 만져 주시는 하나님의 위로가 함께하기 때문이다. 고통과 절망, 상처와 치유는 떼려야 뗄 수 없는 불가분의 관계다.

필자가 전문적으로 하는 목회돌봄과 목회상담은 내담자의 희망과 치유를 지향하지만, 고통과 문제의 해결이 희망과 치유에 반드시 선행하는 것은 아니다. 문제와 고통의 제거가 진정한 의미의 치유를 의미하지는 않는다는 말이다.

저명한 목회상담가였던 하워드 클라인벨(Howard Clinebell)은 "목회돌봄의 한 영역으로서 목회상담은 다양한 치유적 혹은 치료적 방법을 사용하여 사람들이 그들의 문제와 위기를 좀 더 발전적으로 다루며 이를 통하여 깨어짐이 치유되는 경험을 하도록 돕는 것"이라고 지적한다.

문제나 고통의 해결은 그 자체를 없애거나 느끼지 못하게 해 주는 마법과 같은 것이 아니라, 그것을 잘 다루도록 도와주는 것이라는 사실을 강조하는 것이다.

이런 맥락에서, AI 및 현대 과학 기술이 지향하는 미래의 인간관과 세계관은 매우 우려할 만하다. 트랜스휴머니즘은 AI 기술, 뇌 과학 및 인지 과학 그리고 컴퓨터 공학의 발달이 인간의 신체적 질병과 노화, 지적 장애, 재능의 결핍 등을 정복하면 인간의 삶은 훨씬 더 풍성하고 행복할 것이라 믿는다.

하지만, 인간의 욕망은 여기서 끝나지 않는다. 그들의 최후 목적은 질병과 죽음까지도 극복한 사람이 아니라, 그것을 가능하게 해 주는 기계와 테크놀러지가 다스리는 세상을 만드는 것임을 인식할 필요가 있다.

이에 대해 김동환 교수는 다음과 같이 비판적으로 분석한다.

> 일부 과학자들은 그들이 개발하는 테크놀러지가 기여하는 치료 능력을 과시함으로써 자신들의 인공지능 프로젝트를 정당화하려고 애쓰고 있다. 예를 들면, 그들은 인공지능의 실현을 향한 현대의 진보된 테크놀러지는 알츠하이머와 파킨스와 같은 유전병을 극복할 수 있다고 주장한다.

> 그러나 그들이 인공지능 프로젝트를 정당화하는 목적은 단지 그러한 불치병을 치료하는데에 있는 것이 아니라, 모든 인간 한계의 초월, 궁극적으로는 인간을 닮은 인공지능이 도처에 깔려있는 테크놀러지가 다스리는 유토피아의 건설에 있는 것임을 인식해야만 한다.[2]

김동환 교수가 주장하는 것처럼, 테크놀러지는 인간을 고통과 질병으로부터 영구히 벗어나도록 이끄는 도구가 되며, 궁극적인 목적은 테크놀러지가 지배하는 세상을 만드는 것일지도 모른다.

하나님께서 허락하신 고통 속에서 삶의 의미를 찾고 더 나아가 하나님의 형상을 닮은 인간의 존엄성을 확인하는 과정은 삭제된다. 그 자리에 인간에게 즉시적인 치료를 가져다주는 AI를 포함한 테크놀러지가 들어서게 되는 것이다.

3. 기독교의 치유, 기계적 치유가 아니라 역설적 치유

AI로 인한 치료와 치유는 진정한 치료와 치유일까?

사람들은 정말 그렇게 믿고 있는 것일까?

그것은 치료와 치유라기보다 오히려 고통과 절망의 단순한 '삭제'라고 해야 할 것이다.

'치료'와 '삭제'는 같은 결과를 얻는 것 같지만 완전히 차원이 다르다. '치료'는 시간이 걸리고 번거로운 과정을 거치는 과정이지만 몸과 마음을

---

[2] Dong-Hwan Kim, "Technological Imagination of Artificial Intelligence in the light of the Decalogue," <기독교 사회윤리> 24(2012), 83.

치유해 준다.

반면, '삭제'는 우리 뇌에 저장된 불행하고 부정적인 기억들을 아예 지워버리는 것이다. 필자는 이것을 '기계적 치유'라고 부르고 싶다.

고통이나 질병을 아예 없애 버리면 속이 시원할 것 같지만 과연 그럴까?

AI가 뇌가 아닌 우리의 마음 '속'까지도 힘들고 어려울 때마다 기계로 '삭제'하면, 우리 인간은 어떤 존재가 되는 것일까?

어떤 기억을 가지게 되는 것일까?

생각만 해도 끔찍하다.

진정한 치료와 치유는 아픔과 고통과 절망의 삭제와 제거가 아니라, 그 안에서 삶의 의미와 보람을 찾는 것이다. 인간 존재가 하나님의 은혜와 사랑을 경험하는 것은 고통과 유한성과 죽음을 통해서임을 앞에서 이미 살펴 보았다.

이런 의미에서, 기독교적 치유는 위에서 나온 '기계적 치유'에 빗대어 '역설적 치유'라고 부를 수 있을 것이다. 고통과 절망과 죽음은 진화의 대상이 아니라, 하나님께서 인간에게 주신 축복이다.

왜냐하면, 치료는 상처와 아픔 없이, 희망은 절망 없이, 기쁨은 슬픔 없이, 행복은 불행 없이, 생명은 죽음에 대한 깊은 성찰 없이는 그 가치를 알 수 없기 때문이다. 인간의 삶에서 고통과 아픔을 모두 삭제해 버리면 자신과 하나님에 대하여 생각하거나 성찰하지 않게 될 것이다.

더이상 하나님을 찾지 않으며 대신 기계를 찾게 될 뿐이다. 미래에 대한 희망과 치유를 하나님이 아니라, 기계가 가져다 줄 수 있다고 믿게 되는 것이다. 따라서, 기계적 치유는 축복이 아니라 오히려 저주인 셈이다.

하지만, 안타깝게도 AI 전문가와 개발자 그리고 일부 미래학자들은 '기계적 치유'가 가능한 전지전능한 인간 기계 시대로 향하고 있는 것 같다. 이미 너무 많이 와 버려서 AI 출현 이전으로는 돌아갈 수는 없을 것 같다.

위태로운 시대를 살아가는 우리 교회와 그리스도인들은 기계가 인간 몸 안에서 존재하여 영원히 죽지 않고 살 수 있는 삶이 인간이 지향해야 할 미래의 방향이 아님을 분명히 인식하고, 지속적인 경고의 목소리를 내야 할 것이다.

4. 죽음, 과연 인간의 종착역인가?

앞에서 언급한 것처럼, AI 개발자들과 전문가들은 나노 테크놀러지, 바이오 테크놀러지, 정보 테크놀러지, 인지 과학 등과 통합하여 기계 인간을 만들어 인간의 유한성과 죽음까지 초월하고자 한다.

이에 관하여 종교학자 로버트 게라시(Robert Geraci)는 "아마도 인간의 마음을 기계로 업로딩하는 것이 새로운 천국을 만들 것이다. 기계에 로딩된 마음은 배우고자 하는 모든 것을 배우고 그들 자신의 복제성 덕분에 불멸의 삶을 삶으로써 인간의 몸의 한계로부터 자유로워질 것이다"라고 말한 바 있다.

결국, 현재의 생성형 AI와 휴머노이드 AI 로봇을 뛰어넘어 종말론적 AI와 트랜스휴머니즘은 인간이 자신의 육체뿐 아니라 마음과 생각까지 기계에 맡기는 통전적인 기계화를 의미한다.

그들은 이러한 통전적 기계화를 통해서 인간은 기계와 함께 불멸의 존재가 될 수 있다고 믿는다. 그들은 생물학적인 인간의 죽음을 인간이 마주해야 하는 최종 지점이라고 여기고, 그것을 초월하려고 하는 것이다.

그런데 기계적 영생을 통한 인간의 구원은 성경의 가르침과는 완전히 대치된다. 성공회 주교이자 신학자인 마이클 델래시머트(Michael DeLashmutt)는 "기독교 종말론은 영원한 소망의 성취가 인간의 역사를 주관하는 하나님의 손에 달려 있다고 믿지만, 포스트휴먼 종말론은 인간 테크놀러지에 맡긴다"고 지적한다.

여기서 죽음의 의미와 가치에 대해서 깊이 성찰해 볼 필요가 있다. 죽음은 인간의 유한성과 한계를 가장 극명하게 보여 준다. 아무리 위대하고 초인적인 힘과 능력이 있다고 하더라도, 모든 인간은 결국에는 죽음을 맞이하게 되어 있다. 아니, 인간만 아니라, 이 땅 위에서 숨 쉬는 모든 생명체는 결코 영원할 수 없다. 이것은 창조물들을 향한 하나님의 섭리이며 자연법칙이다.

그렇다면 죽음은 모든 살아있는 것의 마지막 종착지인가?

그 후엔 아무것도 없는가?

인간을 제외한 모든 동식물은 이 세상에 나왔다가 자취도 없이 사라질 것이다. 그러나 인간은 다르다.

죽음은 우리의 끝이 아니다. 만일, 죽음이 끝이라면 이 땅에서 이토록 힘들게 하나님을 믿고 섬길 이유가 전혀 없을 것이다. 단지 이 땅에서 아가는 동안에 물질과 건강의 축복을 받고, 인격이 성숙해지는 수단으로서의 신이라면, 나는 나 자신을 의지하면 될 뿐, 굳이 신을 따르느라 많은 시간과 정력과 물질을 소비하지는 않을 것이다.

하지만, 하나님은 성경을 통하여 죽음이 결코 끝이 아님을 말씀하신다. 우리가 믿는 기독교는 죽음으로 끝나지 않는다. 죽음 너머의 세계가 분명히 존재하는 것이다.

예수님의 사역이 십자가의 죽음으로 끝났더라면 우리는 그저 죽으신 예수님을 기념하고 있을 뿐이다.

그러나 예수 그리스도는 다시 살아나셨다. 죽음을 이기고 어둠을 뚫고 영원한 생명으로 솟아오르셨다. 그분은 부활하셔서 영원토록 이 세상을 다스리신다.

그렇다. 우리가 하나님을 믿고 주님의 몸 된 교회를 섬기는 것은 그저 이 땅에서의 축복과 안녕과 평안만을 위한 것이 아니다. 궁극적으로 죽음 후에 우리는 구원받은 자로, 모든 인간이 서야 할 하나님의 심판 자리에 당당히 서게 될 것이고 영원한 생명 잔치에 참여할 것이다.

인간과 세상은 하나님의 완전함을 가지고 있지 않다. 하나님만이 홀로 완전하시다. 오직 완전하신 하나님만이 죽음이라는 궁극적인 한계를 가진 인간을 절망에서 희망으로 끌어올리실 수 있으며, 사망에서 영원한 생명으로 이끄실 수 있다. 이것이 기독교의 종말론적 신앙이며, 하나님의 은혜와 사랑이다.

소그룹 토론을 위한 질문

1) 당신은 질병, 불편함, 고난, 죽음 등에 대해서 어떤 반응을 보여왔는가?

2) 고통의 '삭제'와 '치유'가 어떻게 다르다고 생각하는가? 만일, 누군가가 당신의 고통스러운 기억들을 삭제해 준다고 한다면, 당신은 어떻게 반응할 것인가?

3) 이 장에서 말하는 '기계적 치유'와 '역설적 치유'에 관한 당신의 생각은 무엇인가?

11장

AI 시대, 인간을 생각한다

1. AI 시대, 인간은 안전하지 못하다

이 책에서 필자는 많은 것을 이야기했다. 하나님과 우상으로부터 시작해서 테크노 시대의 교회와 신앙, 그리고 테크노 복음, 고통과 죽음, 트랜스휴머니즘에 이르기까지 다양한 주제를 다루었다. AI 시대를 살아가는 교회와 그리스도인들에게 평소에 하고 싶었던 말을 거의 담은 것 같다.

이 책의 종착점에 다다른 지금, 마지막 남은 주제, 인간에 대하여 독자들과 함께 생각해 보고 싶다.

AI가 발전에 발전을 거듭하면서 많은 이가 미래에 닥칠 인간의 개념과 가치와 의미에 관해 매우 심각한 우려의 목소리를 내고 있다. 여기에는 AI 전문가, 기술자, 미래학자, 철학자, 정치가, 종교인 등 다양한 분야의 사람이 포함된다. 우려의 핵심에는 인간이 AI 기계에 종속되어 AI가 인간을 지배할 수도 있을 것이라는 두려움이 있다.

AI가 인간 고유의 특징인 창의성, 의식, 그리고 인간과 유사한 일반 지능, 더 나아가 인간을 뛰어넘는 초지능까지 갖추게 될 것이라는 전망이 나오는 현실에서, 이런 우려들은 매우 당연한 것으로 생각된다. 따라서, 유엔까지 나서서 AI에 대한 국제 규제 지침을 마련한다고 하는 것은 전혀 이상한 일이 아니다.

막대한 수익을 얻기 위해 AI에 박차를 가하고 있는 빅테크 기업들은 그러한 우려와 두려움은 너무 지나친 기우라고 주장한다. 그들은 AI는 인간을 위하여 일할 것이며, SF 영화에 나왔던 인간을 지배하는 일은 결코 발생하지 않을 거라고 말한다.

철저하게 경제 논리에 따르는 빅테크 기업으로서는 그렇게 말할 수밖에 없을 것이다. AI는 지금도 막대한 부와 엄청난 기술을 소유한 그들에게 막강한 권력을 가져다 줄 것이기 때문에, 어떤 표현을 사용해서라도 AI 개발을 합리화해야 하기 때문이다.

생성형 AI 챗GPT를 만들었던 오픈AI의 최고경영자 샘 알트만은 회사 홈페이지에서 "우리의 임무는 인공일반지능(AGI), 즉 '일반적으로 인간보다 똑똑한' AI 시스템이 모든 인류에게 이익이 되도록 하는 것"이라고 밝힌 바 있다.

그러나 인간을 능가할 뿐만 아니라, 고도로 자율적인 시스템을 가진 AGI를 어떻게 제어할 수 있는지에 대한 구체적인 답은 내놓지 못하고 있다. 사실, 현재로서는 AGI가 어디로 튈지 아무도 예측할 수 없기 때문이다.

신학자로서 그리고 목사로서 필자는 미래의 인간이 절대 안전하지 않을 것이라고 예상한다.

도대체, 누가 AI를 원했는가?

대부분 사람은 그들 스스로가 AI를 원하지 않았다. 인간이 AI를 원해서 빅테크 기업들이 AI를 만든 것이 아니다. 그들이 만들어서 아주 천천히 눈치채지 못하도록 휴게소, 식당, 호텔, 회사, 은행 등에 침투시킨 것이다.

굳이 음식점에 사람 대신에 AI 서빙 로봇이 일할 필요가 있는가?

휴게소 커피점에 사람이 아닌 AI 바리스타가 커피를 만들 이유가 도대체 무엇일까?

그 자리에서 성실하게 일하던 사람들은 어디에서 무엇을 해서 돈을 벌어 생활할 수 있을까?

물론, AI가 우리들의 생활 전반에 등장한 이유가 분명히 있을 것이다. 효율성, 정확성, 신속함 등이 그것이다.

그러나 무엇보다도 우리가 초점을 맞추어야 하는 것은 '일'이 아니라 '사람'이다. 신속함과 효율성이란 이름으로 교회에서 목회자가 설교 준비를 AI 챗GPT에 맡긴다면, 장기적으로 볼 때, 그 목회자에게 유익이 되지 않을 것이다. 교회 행사를 준비할 때도 AI에게 모든 순서와 동영상까지 부탁한다면 편리하겠지만, 함께 이야기하면서 과거의 경험을 나누고 분석하고, 식사하고 커피를 마시며 같이 기도하는 모습은 영영 볼 수 없게 될 것이다. 사람의 숨결이, 사람의 체온이, 사람의 흔적이 사라지게 되는 것이다.

또 한 가지, 이 장의 주제인 사람의 이야기가 없어지게 되는 것이다. 더불어 사람과 함께하시는 하나님의 이야기도 잊히게 되는 매우 위협적인 일이 우리 교회 안에도 충분히 일어날 수 있음을 깨달아야 한다.

물론, 미래의 일은 누구도 확실히 알 수 없기에 여기서는 그 여부에 대해서는 크게 다루지 않고 넘어가기로 한다. 다만, 우리는 인간이란 어떤 존재인가 하는 주제에 대해 좀 더 깊이 살펴보아야만 하는 시대에 살고 있음이 분명하다. 즉, AI라는 과학 기술의 발달과 트랜스휴머니즘으로 인하여 인간에 대한 탐색이 더욱더 시급한 논제가 되는 것이다.

약한 인공지능[1]이 아니라 강한 인공지능[2]을 주창하는 트랜스휴머니즘은 이른바 인간 향상 혹은 인간 증강(human enhancement)을 강하게 주장하며 이것을 옹호하고 있다.

앞에서 말한 바 있지만, 트랜스휴머니즘의 핵심 주장은 다음의 두 가지로 압축할 수 있겠다.

첫째, 고통, 결핍, 질병, 죽음 등은 인간의 미래의 삶에 위협이 되며 향상되어야 한다.
둘째, 인간 조건의 향상은 기계와의 공생과 상생을 통해서만 가능하다.

기독교 신앙은 위의 두 주장을 받아들일 수 없을 뿐만 아니라, 우리의 신앙 고백과도 전혀 맞지 않는다. 또한, 기독교 신앙뿐 아니라, 인간이 어떤 존재인지에 비추어서도 동의할 수 없는 것이다.

2. 인간, 꿈틀거리는 이야기를 가진 존재

인간은 어떤 존재일까?

이에 대한 대답은 매우 다양하고 복잡할 것이다. 철학, 예술, 사회학, 과학 등 서로 다른 관점으로 접근할 수 있기 때문이다. 필자의 전공인 목회상담학은 여러 가지 차원에서 인간에 대한 이해를 돕는다.

---

[1] 약한 인공지능(weak artificial intelligence)은 더욱 한정된 영역에서 단순히 인간의 지적인 행동을 모방하는 데 중점을 둔다.
[2] 강한 인공지능(strong artificial intelligence)은 인간의 지적 행동을 모방하는데 그치지 않고, 인간의 통제권을 벗어난 인간의 지능과 유사한, 때로는 훨씬 능가하는 인공지능을 말한다.

그중에서 이야기 치료라는 기법이 있다. 한마디로 말해서, 인간을 치료하기 위해서는 그의 이야기를 들어야 한다는 것인데, 이야기 속에 그 사람의 치유와 회복을 위한 중요한 단서들이 이미 들어 있다는 것이다.

이야기 치료 기법의 선구자로 자주 등장하는 인물은 마이클 화이트(Michael White)와 데이비드 엡스톤(David Epston)이다. 이들에 따르면, 사람들은 이야기를 통해서 자기들의 경험을 구조화하고 의미를 부여한다는 것이다. 똑같은 일을 경험했더라도 사람에 따라서 그 경험을 이야기하는 방법과 의미가 다르다는 것이다.

예를 들면, 우리는 지난 2020년부터 2022년까지 3년간 코로나라는 전염병으로 엄청나게 고생하였다. 만일, 가장 친한 친구가 코로나 기간에 어떻게 지냈는지를 알고 싶으면, 그가 코로나 기간의 경험 가운데 어떤 내용을, 어떤 방식으로 말하는지, 긍정적으로 말하는지 아니면 부정적으로 말하는지를 살피면 된다는 것이다.

이야기하고 있지 않은 사람은 한 명도 없다. 다만, 어떤 이야기는 영원히 기억하고 싶고, 다른 이야기는 잊고 싶고, 할 수만 있으면 기억에서 없애버리고 싶을 뿐이다.

유명한 목회 목회상담학자였던 고 안석모 교수 또한 이야기를 인간을 만들어 가는 힘으로 간주하면서 "이야기가 우리가 살아온 삶을 해석하는 해석적 렌즈 역할을 하며 또한 계속해서 인생의 이야기들을 만들어 간다"[3]고 말하기도 했다. 따라서, 우리가 내일을 살아간다는 것은 내일의 이야기를 만들어 가는 것이라고도 말할 수 있다.

우리나라의 심각할 정도로 높은 자살률이 높은 사회 문제가 되고 있는데, 자살은 결국 오늘과 내일 자기의 삶 속에서 써 내려갈 이야기가 더이

---

[3] 안석모, "'해석의 전환'으로서의 치유," 「신학과 세계」 44(2002), 225.

상 없는 상태에서 실행되는 것이기 때문이다.

이렇게 볼 때, 인간은 이야기 자체이며, 인간의 삶은 다양한 이야기로 이루어진다. 그것도 그냥 이야기가 아니라, 각자의 마음, 생각, 감정 속에서 살아 움직이며 때로는 격하게 요동치는 이야기다. 흥분, 감탄, 환희, 격정, 감동, 비탄, 슬픔, 애도, 눈물, 기쁨, 울부짖음 등이 역동적으로 살아 움직이는 곳이 바로 이야기이다. 그리고 이야기 안에 자신을 포함한 여러 사람이 등장한다. 인간은 살아서 꿈틀거리는 이야기를 가진 존재다.

성경을 보면, 하나님은 이야기하시는 하나님으로 자신을 드러내시고 인간과 동행하신다. 모세를 보내며 하나님께서는 모세에게 이스라엘 백성들에게 가서 자신을 '너희들의 조상 아브라함과 이삭과 야곱의 하나님'으로 소개하라고 말씀하신다(출애굽기 3:15-16). 아브라함은 아브라함의 이야기를, 이삭은 이삭의 이야기를, 야곱은 야곱의 이야기를 써 내려갔지만, 3세대에 걸쳐 나오는 이야기는 다름 아닌, 사람들과의 관계 안에서 만들어 가는 하나님의 이야기다.

즉, 성경에는 인간이 만들어 가는 이야기와 그 이야기의 주인공이신 하나님께서 함께 써 내려가는 이야기가 들어있는 것이다. 노아, 아브라함, 이삭, 야곱 그리고 요셉의 삶을 들여다보면 하나님의 부르심과 이끄심, 인간적인 고뇌와 상처와 절망 그리고 회복의 이야기가 넘실댄다. 그들의 인생의 과정에서 발생하는 사건과 이야기들이 하나님과 만나 놀라운 반전을 이룬다.

우리가 잘 알고 있는 시편 23편은 파란만장한 삶을 살아온 다윗의 인생 고백이다. 숱한 고난과 역경 그리고 하나님의 함께하심이 없었다면 이러한 고백은 없었을지 모른다.

> 여호와는 나의 목자시니 내게 부족함이 없으리로다. 내가 사망의 음침한 골짜기로 다
> 닐지라도 해를 두려워하지 않을 것은 주께서 나와 함께 하심이라 주의 지팡이와 막대
> 기가 나를 안위하 시나이다 주께서 내 원수의 목전에서 내게 상을 차려 주시고 기름
> 을 내 머리에 부으셨으니 내 잔이 넘치나이다 내 평생에 선하심과 인자하심이 반드시
> 나를 따르리니 내가 여호와의 집에 영원히 살리로다.

하나님과 사람의 이야기는 단지 성서의 인물에 국한되지 않는다. 이 시대를 살아가는 그리스도인들 역시 삶 속에서 다양한 이야기를 만나고, 하나님과 함께 희망의 이야기를 만들며 살아간다.

인생의 과정에서 만나는 불행과 아픔과 절망의 이야기들을 트랜스휴머니즘이 주장하는 AI 기계와의 공생과 상생 속에서 삭제 혹은 변형한다면, 인간은 자신의 존재와 삶의 많은 과정을 상실하며 살아가는, 참을 수 없이 '가벼운' 존재로 전락하고 말 것이다.

최근 오픈AI는 동영상 생성 AI인 소라(Sora)를 공개하면서 챗GPT에 이어서 또 한번 세계를 놀라게 하였다. 인간이 텍스트만 주면 그에 맞는 영상을 단 몇 초 만에 하나의 영상을 만들어 낸다. 놀라운 것은 단지 속도만이 아니다. 품질이 프로급의 영상 제작자가 만든 것과 거의 유사하다.

그러나 그러한 영상은 아무리 정교할지라도 기계적인 상상력이 만들어 낸 기계적인 이야기에 불과하다.

인간의 삶의 모습과 여정의 창조물을 기계에 맡기고 인간은 도대체 무엇을 하려는 것일까?

살아 숨 쉬는 새로운 이야기를 창조할 수 없는 인간은 어쩌면 그 자체로도 이미 인간의 가치와 존재 의미를 기계에 빼앗기고 있는 것이 아닐까?

3. 고통과 죽음은 인간 이야기의 주요 재료

우리는 누구나 고통과 죽음을 피하기를 원한다. 할 수만 있다면, 인생 살아가는 길이 꽃길이었으면 하는 것이 인지상정이다. 일부러 극한 고난과 고통과 상처와 아픔과 때 이른 죽음을 맛보고 싶어 하는 사람은 아마 한 사람도 없을 것이다.

주위를 둘러보면 목회 때문에 너무 힘들어하시는 목회자가 한둘이 아니다. 요즘은 더 힘들단다. 특강이나 설교하러 갔다가 함께 차 마시면서 이런저런 이야기를 나누다 보면 '어쩌다' 목사가 된, 웃을 수도 울 수도 없는 사연들을 만나게 된다.

그런데, 거의 마지막 인사말은 동일하다.

"목회가 쉽나요?"

목회가 쉽지 않은 길임을 알고 받아들이며 가는 것이다. 힘들다고 포기할 수 없는 길이라는 것이다.

그렇다. "인생길 살아가는 게 어디 그리 쉽나요"가 정답인 것 같다. 몸이 좀 아프다고, 정신적으로 스트레스를 받는다고, 삶이 고되다고, 시험 좀 못 봤다고, 사업에 실패했다고, 남이 알아주지 않는다고, 일이 너무 안 풀린다고 해서 인생을 포기할 수는 없다.

인생이란 여행길에서 경험하는 실패와 좌절, 병듦과 노화, 성공과 환희, 건강과 젊음은 삶의 이야기를 더욱 풍성하게 만들어 주며, 때로는 가슴 아리게도 하는 재료들인 셈이다.

성경 어디서도 평탄한 꽃길만 걸었던 사람은 찾을 수 없다. 우리가 흔히 믿음장이라고 하는 히브리서 11장만 보더라도 참으로 기가 막힌 인생길을 걸은 사람들의 명단이 나온다. 노아, 아브라함, 이삭, 야곱, 모세, 그리고 신약에서는 예수님의 제자들과 바울이 있다.

바울이 당한 고난은 이루 말할 수 없을 정도다.

> 유대인들에게 사십에서 하나 감한 매를 다섯 번 맞았으며 세 번 태장으로 맞고 한 번 돌로 맞고 세 번 파선하고 일 주야를 깊은 바다에서 지냈으며 여러 번 여행하면서 강의 위험과 강도의 위험과 동족의 위험과 이방인의 위험과 시내의 위험과 광야의 위험과 바다의 위험과 거짓 형제 중의 위험을 당하고 또 수고하며 애쓰고 여러 번 자지 못하고 주리며 목마르고 여러 번 굶고 춥고 헐벗었노라(고린도후서 11:24-27).

심지어 하나님의 아들이신 예수님조차 꽃길 근처에는 가보지도 못하고, 30여 년 동안 시기와 질투와 모욕과 비난 속에서 사시다가 결국 십자가라는 고통의 클라이맥스를 거치면서 부활하셨다.

이렇게 본다면, 고통, 결핍, 질병, 죽음 등은 인간의 미래에 위협이 되기 때문에, 그러한 것들을 경험하지 않도록 인간 자체를 향상 혹은 증강해야 한다는 AI 숭배자들의 주장은 우리의 삶 속에서 다양한 이야기를 제거하자는 말과 다름 없다.

그들의 논리를 받아들여, 인간에게 아무런 결핍과 고통이 없다면 우리들의 삶은 행복과 기쁨과 부요함의 이야기로 가득하게 될까?

그렇지 않을 가능성이 매우 크다고 본다. 그러한 생각은 인간을 너무 물질적이고 기계적으로만 이해하려 하는 것이다.

인간에게는 지나온 과거와 현재를 힘들게 만드는 고통스러운 이야기를 희망의 이야기로 바꿔 쓸 수 있는 능력이 있음을 잊지 말아야 한다. 크고 작은 문제와 한계, 고난과 상실, 절망과 좌절 속에서 자기 자신과 삶을 믿음 안에서 재조명함으로 하나님의 은혜와 함께하심을 발견하게 되는 것이다. 이것은 자신의 삶에 임재하시는 하나님의 역할을 인정하는 새로운 영적인 재탐색(spiritual arousal)이라고 할 수 있다.

반면, 현재의 인간종과는 전혀 다른 신인류의 출현을 꿈꾸는 강한 AI의 주창자와 트랜스휴머니즘의 철학은 이러한 인간의 능력과 본성을 인간 조건의 한계라는 명분으로 무시하려 한다.

그들의 주장처럼, AI 초지능이 실행하는 기계 장치들이 더 향상된 능력으로 인간을 고통도 결핍도 없는 진화된 완벽한 존재로 만들어 준다고 해도, 그때 오히려 우리는 인간도 신도 아닌 무존재(無存在)가 될 수도 있지 않을까?

원치 않는 고통을 경험할 때, 아예 그 경험 자체를 없애버리는 것과 믿음의 눈을 가지고 고통을 새로운 이야기로 바꾸는 것, 둘 중 어느 것이 인간의 삶을 더욱 풍요롭게 해 줄 것인지는 자명하다.

생물학적이고 신체적인 노화를 AI 기술, 인지공학, 뇌 과학과 컴퓨터 인터페이스 기술을 활용하여 영원히 늙지 않는 젊은이로 살아가는 것은 결코 정상적인 인간의 모습이 아니다.

오히려, 나이 듦에 따라서 우리에게 문제와 상처와 고통을 주었던 과거의 경험과 이야기를 더 깊이 성찰하고, 유한한 인간의 한계를 수용함으로써 긍정적인 이야기로 바꾸기 위한 노력을 하는 것이 기독교적인 인간관에 더 합당할 것이다.

4. 인간, 이야기에 의미를 주는 존재

우리가 지나온 삶의 이야기를 성찰하면서 살아갈 수 있다는 것은 인간에게 자신이 경험한 이야기들에 어떠한 의미를 줄 수 있는 능력이 있음을 뜻한다.

그것은 긍정적이거나 부정적일 수 있으며, 건설이거나 파괴적일 수도 있다. 우리는 어떤 방식으로든지 각자 경험한 인생 이야기에 나름의 의미를 부여한다. 그래서 같은 사건을 경험해도 사람에 따라서 완전히 다른 의미로 받아들여질 수 있는 것이다.

어떤 이는 인생에서 부딪히는 온갖 시련과 고난과 역경을 하나님의 축복으로 받아들이며 그 안에서 하나님의 사랑을 찾으려고 애쓴다. 반면, 어떤 이는 신앙생활을 열심히 하다가도 시련과 문제가 일어나면, 시험에 들어 하나님을 원망한 나머지 믿었던 신앙까지도 잃어버리고 마는 경우가 종종 있는 것이다. 신앙생활의 높고 낮음이 있고, 굴곡이 있는 이유다.

따라서, 우리는 늘 신앙의 훈련을 게을리하지 않고, 기도하며 자신의 신앙을 성숙시켜 나가야 한다. 이것이 평생에 걸친 신앙의 과정이다. 그것이 곧 인생이라고 할 수 있다.

교회에서 목회자가 해야 할 일 가운데 하나가 바로 교인들이 들려주는 이야기에 공감하고 경청하면서 상처받고 고통스러워서 미처 발견하지 못했던 긍정적인 의미를 되찾도록 돕는 것이다.

앞에서 살펴본 바와 같이, 트랜스휴머니즘은 인간이 자신의 힘으로 인간 조건을 향상할 수 없다고 보고 있으며, 이것이 기계와의 동행, 나아가 동행을 넘어 인간과 기계가 한 몸을 이룬 공생을 통해서 가능하다고 진단하고 있다.

특히, 인간이 만들었지만, 인간이 통제할 수 없을지 모르는 AI를 장착한 기계들이 인간의 유한하고 결핍된 부분들을 채워줄 때, 지금까지의 세상은 종말을 고하고, 또 다른 유토피아가 만들어진다는 것이다. 그들이 볼 때, 지금의 인간 존재 자체는 많은 신체적, 정서적, 유전적, 생물학적, 지적인 유한성을 극복하지 못할 것이라는 전제를 안고 있기 때문이다.

그러나 인간은 인류의 역사를 통해서 많은 한계를 극복하는 힘을 보여주었다. 비록 AI처럼 완전하거나 때로는 기계처럼 효율적이지 못해도, 과거의 잘못과 실수를 되새기는 지혜를 가지고 지금까지 온 것이다.

인류 앞에 놓인 많은 숙제, 예컨대 경제 불균형, 심각한 기후 위기, 인간성 상실, 성적인 타락, 전쟁 등은 이전과는 매우 다른 차원에서 시급하고 심각한 위기일 수는 있다. 하지만, 당면한 숱한 난제들을 이해하고, 성찰하며, 의미를 만들고, 해결책을 찾아가는 힘과 능력이 인간에게 아직 있다고 믿는다.

인간 자신의 힘으로는 그러한 난제들을 풀어갈 수 없으니 AI를 비롯한 현대 테크놀러지와의 공생 또는 상생을 통해서 난제를 해결해야 한다고 말하는 것은 우리 스스로가 더 지구를 지탱할 능력이 없다는 것을 인정하는 꼴이다.

챗GPT 활용이 여러 가지 장점이 있지만, 문제는 챗GPT의 효율성과 생산성에 초점을 맞추다 보니, 정작 사람들이 사고하는 습관과 방법을 완전히 잃어버릴 수 있다는 점이다. 사고하지 않으니, 어떤 일, 경험, 사회, 더 나아가 삶에 의미를 부여하는 것도 하지 못하게 되는 것이다.

그들이 놓치고 있는 것이 하나 더 있다. 그것은 인류 역사가 지금까지 이어온 것은 단지 인간의 힘만이 아니라는 사실이다. 인류의 역사의 주인공은 인간이 아니라, 인간을 통해서 일하시는 하나님이시다. 새로운 미래를 열기 위해서는 AI에 의지할 것이 아니라, 하나님께 돌아가야 한다. 하나님의 긍휼하심과 인도하심을 간절히 구하는 것만이 인류가 살 길이다.

그러나 안타깝게도 인간은 하나님에게서 점점 멀어지고 있다. 과학 기술이 발전할수록 인간들은 창조주이며 구원자이신 하나님을 급속히 떠나고 있다. 트랜스휴머니즘은 인간이 서야 할 자리에 기계를, 더 나아가 하나님의 자리마저 기계가 차지하도록 허용한다.

결국, 기계는 인간이 되고, 신이 되고 마는 셈이다. 오히려 인간이 기계의 부속품이 되어 기계가 자기 삶의 문제와 상황을 데이터를 활용하여 해석하여 정답을 만들도록 주문하는 셈이 되고 마는 것이다.

인간은 고난과 죽음 앞에서 초월자인 하나님을 통하여 자기의 내면을 돌아보고 의미 있는 희망의 이야기를 쓸 수 있는 존재로 만들어졌다는 사실을 포기해서는 안 된다.

기계는 인간이 과거와 현재에 경험하는 것들을 인간처럼 해석하고 의미를 부여하지는 못할 것이다. 왜냐하면, 기계는 인간과 교류할 수 있는 과거와 현재와 미래의 경험과 이야기하고 있지 않기 때문이다.

AI를 등에 업은 반기독교적인 인간관은 지금까지의 인간의 삶의 조건과 인간 이해를 뿌리째 뒤흔드는, 가히 혁명적인 것이라고 할 수 있다.

제어할 수 없는 AI 시대의 도래와 트랜스휴머니즘의 도전 속에서 한국교회는 신학적으로 적합하고 성경에 기초를 둔 기독교적인 인간 이해를 재정립해야 할 것이다. 도저히 꿈꾸지 못할 정도의 수준으로 현대의 과학기술이 발달한다고 해도 우리 교회는 주눅 들지 말고 당당하게 세상을 향해 말할 수 있어야 한다.

우리 교회와 그리스도인들은 생로병사로 대변되는 고난과 고통과 절망과 아픔이 왜 우리에게 저주가 아닌 축복인지, 그러한 것들을 단순히 삭제하기보다 그 안에서 의미를 다시 만들어 가는 과정이 왜 인간을 인간답게 만들어 주는지에 대한 기독교적인 인식의 재정립이 시급히 필요한 시점에 서 있는 것이다.

소그룹 토론을 위한 질문

1) AI 시대를 맞이하여 인간성의 상실, AI의 인간 지배의 가능성 등의 이야기들이 심심찮게 들려온다.
   이에 대한 당신의 생각은 무엇인가?

2) 상처, 절망, 고통, 죽음 등은 인간 이야기의 주요 재료라는 말을 어떻게 생각하는가?

3) 그리스도인으로서 당신은 인간이 어떤 존재라고 생각하는가?
   인간에 대한 당신의 생각을 AI와 어떻게 연관시킬 수 있는가?

12장

AI 시대, 교회가 붙들어야 할 핵심 가치 7가지

지금까지 11장에 걸쳐서 교회와 그리스도인들이 AI의 갑작스러운 출현과 급속한 발달 그리고 발달의 방향을 왜 경계해야 하는지에 관해 살펴보았다. 독자에 따라서 어떤 것은 너무 과격하게 들릴 수도 있고, 또 어떤 것은 받아 들이기 어려운 내용도 있을 것이다. 모두가 똑같은 생각과 의견을 가지고 있을 수는 없기에 당연히 그럴 수 있다고 생각한다.

또한, 본서가 다루고 있는 주요 소재인 AI가 아직 완전히 그 정체를 드러낸 것도 아니라는 점도 고려한다. 아직 발전의 여지가 많으므로, AI가 인간과 사회 그리고 교회에 미칠 영향에 대해서 확실하게 단정지어 말하기 어려운 측면도 물론 있다.

그럼에도 불구하고 지금까지의 발달 과정과 지향하는 방향들, AI 전문가와 개발자와 미래학자들의 의견을 종합해 보면 AI가 인간과 기독교 그리고 교회에 그리 긍정적인 영향을 미칠 것으로 보이지는 않는다. 적어도 필자는 그렇게 믿고 있다.

이제 책을 마무리하면서 AI 시대에 교회가 반드시 붙들어야 할 핵심 가치에 대해서 살펴보려고 한다. 신학자, 목회자 그리고 모든 그리스도인은 저마다 다른 가치들을 말할 수 있을 것이다.

그중에서 7가지를 뽑아서 간략하게 생각해 보면서 이 책을 마치려 한다.

1. 창조주 하나님께 돌아가기

AI 시대가 급속한 속도로 열리고 있는 이 시기에, 이 땅에 존재하는 모든 교회와 그리스도인들이 절대적으로 놓치지 말아야 할 것은 무엇일까?

인간에게 진정한 자유와 치유와 안전한 미래를 가져다주는 것은 무엇인가?

이런 질문에 대한 신학적이고 성서적이며 영적인 대답은 단연코 '하나님의 품으로 돌아감'이다. 시대가 아무리 달라졌다고 해도 교회가 결코 양보할 수 없는 진리는 오직 창조주이자 구원자이신 하나님 외에는 그 누구도 인간의 미래를 안전하게 인도할 수 없다는 것이다.

마치 AI가 인간과 세계의 미래를 책임질 수 있는 유일한 대안인 것처럼, 세계의 손꼽히는 빅테크 기업들은 AI 기술 개발에 몰두하고 있다. AI를 장착하지 않은 상품은 가치를 인정받지 못하는 시대가 되어 버렸다. 어쩌면 머지않아 AI 기술을 주입하지 않은 인간은 인간으로 취급되지 못하는 시대가 올지도 모른다는 위기감이 들기도 한다.

교회가 놀라운 발전을 거듭하고 있는 과학 기술 혁명 앞에서 "창조주 하나님께 돌아가야 산다!"고 외치는 것이 너무나 무기력하게 느껴지기도 한다. AI로 위풍당당함을 뽐내는 인간의 능력 앞에서 교회는 너무 구태의연하고 시대에 도무지 발을 맞추지 못하는 구식 종교로 처지는 것 같은 느낌이 들지도 모른다.

그러나 그럴수록, 교회와 그리스도인들은 오직 하나님만이 인간에게 영원한 생명과 소망을 주신다는 진리를 굳게 붙들고 용기를 가지고 외칠 수 있어야 한다.

하나님의 은혜는 소멸되지 않은 채, 여전히 우리에게 주어져 있지만, 안타깝게도 이 시대의 인간들은 삶의 고통과 고난과 불행과 상처 속에서 더

이상 하나님을 찾지 않는다. 현대인들은 '귀향한 탕자'가 되기보다, '지옥과 같은 돼지우리에서 만족하는 탕자'로 남는 길을 택한 것처럼 보인다.

이 시대의 사람들은 돌아가야 할 곳을 착각한 채 살아가고 있는 것 같다. 어쩌면 돌아가야 할 곳이 있음을 애써 부인하고 있는지도 모른다.

세계 곳곳에서 전쟁으로 인해 수천, 수만 명의 사람이 목숨을 잃어도, 핵무기를 비롯한 온갖 전쟁 무기의 위협에도, 이상 기후 속에서 신음하면서도, AI 휴머노이드 로봇이 괴상한 몸짓으로 우리 곁에 바짝 붙어 있어도, 이 땅의 사람들은 이젠 하나님을 찾지 않는다.

4차 산업혁명이 양산하는 초호화 기술의 탄생에 교회가 기죽을 이유가 없다. 힘을 내자. 시대와 동행해야 한다는 말로 가장 중요한 신앙의 핵심까지 양보해서는 안 된다. 복음을 붙들고 하나님께 돌아가야 할 시간이 그리 많이 남지 않았다.

문밖을 서성이며 탕자가 오기만을 애타게 기다리던 아버지, 그 아버지도 이제 서서히 문을 닫을 준비를 하고 있을지 모를 일이다.

> 내가 일어나 아버지께 가서 이르기를 아버지 내가 하늘과 아버지께 죄를 지었사오니 지금부터는 아버지의 아들이라 일컬음을 감당하지 못하겠나이다 나를 품꾼의 하나로 보소서 하리라 하고(누가복음 15:18-19).

2. 궁극적 희망, 예수님 붙들기

이 책에 등장하는 포스트휴머니즘이나 트랜스휴머니즘의 공통적인 주장은 더이상 인간의 이성과 지성과 신체적인 조건 등을 가지고는 인류의 미래에 희망이 없다는 것이다. 즉, 가능한 한 어떠한 형태로든지 현재의 인간 이후의 새로운 신인류가 등장해야 한다는 것이다.

특히, 트랜스휴머니즘은 매우 구체적으로 AI를 비롯한 과학 기술의 끊임없는 발달을 통해 인간이 기계와 결합하는 새로운 미래가 열릴 수 있다고 주장한다.

반면, 기독교는 하나님께서는 인간을 통하여 일하시지만, 역사의 주인공은 하나님이시며 인간이 아니라고 믿는다. 즉, 그리스도인으로서 우리는 창조주 하나님만이 인류의 역사를 이끌어 가시는 분이심을 믿음으로 받아들인다. 인간의 미래에서 가장 중요한 것은 예수 그리스도의 십자가를 믿고 구원받은 삶을 오늘 이 자리에서 살아냄으로써 예수님의 재림 시 영원한 생명으로 들어갈 수 있다는 사실을 믿는 것이다.

그러나 이 시대의 사람들은 창조주 하나님을 떠나고 있다. 하나님의 능력이 아니라, 인간의 힘을 가장 확실하게 보여줄 수 있는 과학과 기술의 능력에 깊이 의존하고 있으며, 그것이 지금보다 훨씬 더 나은 새로운 미래를 열어줄 것이라고 믿고 있다.

화려하고 놀라운 기술을 보유한 AI에 비하여 우리 주님의 십자가는 너무 초라해 보인다. AI를 비롯한 4차 산업혁명의 고도로 발달한 기술과 이론들 앞에서 기독교는 한낱 구시대적인 관습이며 성경 말씀은 종교적인 경전으로 치부되고 있는 것이 현실이다.

그러나 교회는 예수님의 십자가에서 보여 주신 예수의 은혜와 하나님의 사랑 그리고 죽음까지도 다스리시는 하나님의 능력을 붙들어야 한다. 예수님만이 우리의 궁극적인 희망이시다.

이것은 단지 이념, 이론, 개념, 논리가 아니라, 실천적 믿음이다. 실직할 수 있으며 사업이 잘 안 되거나 실패할 수도 있다. 그로 인해 경제적 어려움과 가족 간의 불화를 당할 수도 있다. 예기치 않았던 사고로 인해 자신이나 가족이 장애를 입거나, 심지어 목숨을 잃을 수도 있는 것이다. 경제적 문제의 해결이나 관계의 회복, 상처로부터의 극적인 치료 등을 놓고 하나님께 매달릴 수 있다. 고통받고 상처받은 연약한 인간으로서 그것은 당연한 바람이자 기도 제목이다.

그러나 거기에 머물러서는 안 된다. 더 나아가야 한다. 믿음의 지경을 넓혀야 한다.

기독교적인 회복과 치유의 의미를 더욱 깊이 이해할 필요가 있다. 현재 당하는 고난이 당장에 제거되거나 사라지지는 않는다 하더라도, 고난으로 인한 고통과 어려움 가운데서도 능히 이길 수 있는 믿음과 소망과 사랑이 우리 앞에 놓여 있다. 당장은 아닐지라도 하나님의 시간에, 하나님의 방법으로 고난조차도 아름답게 사용된다는 것을 믿는 것이다.

우리의 궁극적인 희망이신 예수님을 끈질기게 붙들어야 한다. 세상은 예수님을 끈질기게 붙드는 사람을 능히 감당할 수 없다. 그러므로 우리는 어떤 경제적 어려움, 능력과 재능의 부족, 신체적 질병이나 외모에 대한 콤플렉스, 심리적 불안과 우울, 삶에 대한 무가치성과 무의미함과 무료함에도 굴하지 않는 믿음의 사람이 되어야 한다.

> 그러나 내게는 우리 주 예수 그리스도의 십자가 외에 결코 잘아할 것이 없으니 그리스도로 말미암아 세상이 나를 대하여 십자가에 못 박히고 내가 또한 세상에 대하여 그러하니라(갈라디아서 6:14).

3. 성령님의 역사하심 신뢰하기

AI 시대의 도래에 직면하여 교회가 붙들어야 할 세 번째 가치는 성령의 역사하심과 이끄심을 신뢰하는 것이다.

하나님께서는 성령님을 통하여 일하신다. 예수님께서 부활 후 하늘로 올라가신 후에 보내신 분도 성령님이시다. 아무리 역사가 흐르고, 시대가 바뀌어도 하나님, 예수님과 더불어 성령님은 똑같이 어제도 오늘도 역사하시고 내일도 일하실 것이다. 우리 교회가 세찬 비바람 속에서도 지금 여기까지 올 수 있었던 것은 성령님의 도우심이 있었기 때문이다.

인간의 마음을 밑바탕부터 뒤흔드는 근본적인 변화는 성령님의 일하심으로 말미암아 이루어진다. 성령님의 역사하심으로 우울증에 시달리던 사람이 생수가 가득한 자유로움을 맛보고, 물질과 세상 유혹에 흔들리던 사람이 삶의 진정한 가치와 의미를 발견하게 되며, 욕심과 이기적인 욕망으로 똘똘 뭉쳐있던 이가 참다운 사랑의 실천자가 되도록 하였고, 삶의 무의미함으로 인해 살아갈 만한 이유를 찾지 못하던 사람이 삶의 목적을 분명히 깨닫게 된다.

예수님의 제자들 가운데 누구도 본인의 의지와 열성으로 도망자에서 말씀의 증언자로 변화하지 않았다. 부활하신 예수님의 만져 주심과 함께 성령님의 강력한 역사하심이 그들을 전혀 존재로, 복음을 위해 생명까지 아끼지 않는 예수님의 제자로 바꿔놓은 것이다. 그들이 병자를 안수하면 병이 나았고, 말씀에 대한 확신과 깨달음이 있었으며, 받은 말씀을 담대하게 전할 용기를 가지게 되었다. 정치적·종교적·군사적 권력에 억눌려 있었던 제자들은 더이상 그들을 두려워하지 않게 되었다. 예수님의 이름을 말하지 말고 그의 도를 전하지 말라는 위협에도 굴하지 않고, 당당하게 그의 말씀을 전하였다.

사도들과 함께했던 성령님의 역사는 지금도 진행 중이다. 하나님의 영으로 인도함을 받는 이들은 세상을 이긴다. 세상의 유혹에 몰두하지 않고 곁길로 가다가도 곧 돌아온다. 불화와 욕심으로 타인을 억압하고 폭력을 행사했던 이들이 성령의 인도하심을 받아 사랑의 실천자로 거듭나는 것이다.

이 세상은 과학과 기술이 새로운 길을 열고 있다. 인간의 역사는 과학과 기술의 발달로 지금 여기까지 와 있는 것이다. 프로이트가 강조했던 것처럼 종교가 아닌 지금까지 인간이 경험했던 것과는 차원이 다른 과학과 기술 문명의 발달이 인간의 현재와 미래를 주도해 나가고 있다. 인간의 역사 속에서 나름대로 역할을 감당해 왔던 종교가 이젠 더이상 사람들의 마음에 있을 자리가 없는 것처럼 보인다.

그러나 교회는 우리가 소중하게 품고 외쳐 왔던 복음의 진리를 스스로 깎아내리거나 움츠러들 필요는 없다. AI가 우리의 신앙생활에 거부할 수 없는 유혹과 시험을 가지고 오더라도, 성령님의 역사는 쉬지 않는다. 우리의 생각, 감정, 지식, 이해, 논리로 문제를 해결하기 위해 적극적이고 긍정적으로 노력하는 것은 바람직하다.

그러나 그와 동시에 항상 성령님의 도우심을 간구하며 그의 일하심을 믿고 기대하는 것이 중요하다. 성령님의 치유하심과 회복이 고통받고 상처받은 자의 그늘 진 삶을 희망으로 빛나는 삶으로 바꾸어 줄 것이다.

> 내가 아버지께 구하겠으니 그가 또 다른 보혜사를 너희에게 주사 영원히 너희와 함께 있게 하시리니 그는 진리의 성령이라 세상은 능히 그를 받지 못하나니 이는 그를 보지도 못하고 알지도 못함이라 그러나 너희는 그를 아나니 이는 그가 너희와 함께 거하시고 너희 안에 계시겠음이라 (요한복음 14:16-17).

4. 우상 경계하기

　가나안으로 들어간 이스라엘 백성이 성공적으로 생존하고 번성하기 위해서 반드시 지켜야 할 것이 있었다. 가나안 일곱 족속이 섬기는 신들을 경배하지 말고, 섬기지도 말며, 그들의 행위를 본받지도 말라는 것이었다.
　가나안 족속들은 많은 이방 신들을 섬기고 있었다. 하나님은 이스라엘 백성들이 가나안으로 들어가면 분명히 이러한 신들을 섬기려는 강한 유혹을 받을 수밖에 없을 것을 아셨기에, 그들의 신을 경배하거나 섬기지 말라고 하신 것이다. 그만큼 풍요와 다산은 당시 농경사회에서 살아가기 위해서 매우 절실한 삶의 조건이기도 했다.
　여기서 우리는 하나님께서 사람의 마음을 얼마나 잘 헤아리시는지 알 수 있다. 하나님은 단지 이방 신들을 경배하거나 섬기지 말라고 하실 뿐 아니라, 아예 적극적으로 그것들을 깨뜨리고 과감하게 그 형상을 본뜬 주상들을 부수라고 말씀하셨다.
　하나님은 눈에 보이는 것을 좇아가려는 인간의 본성을 너무나 잘 아신다.
　그렇기에 십계명에서도 "너를 위하여 우상을 만들지 말라"고 하신 것이 아닌가?
　눈에 보이지 않는 하나님을 따라 가나안까지 온 이스라엘 백성, 그것도 온전한 믿음이 아닌, 하나님의 오래 참으심과 돌봄의 손길로 인해 어린아이처럼 따라만 오던 사람들이 가나안으로 들어간 후에, 눈에 멋있고 그럴듯해 보이는 신들의 형상을 보면 그들을 따라 우상을 새기게 될 것은 뻔한 일이었다.
　공교롭게도 우상에 대한 하나님의 경고는 지금 이 시대에 우리가 숭배하는 문화와 일맥상통한다. 즉, 풍요와 다산과 깊은 연관을 맺고 있는 가나안의 신들은 오늘날 인간의 원초적인 본능을 자극하는 부와 성을 제공하는 현대의 우상들과 크게 다를 바 없다. 인간의 가치와 자존감이 소유의 많고 적음에 따라 좌우되며, 온갖 음란과 성적 유희를 즐기는 상품들을 부끄러움도 모른 채 토해내며 이에 열광하는 이 시대의 풍요와 성적 우상들, 이들은 세련되고 그럴듯한 이름으로 포장된 이 시대의 바알과 아세라다.

하나님은 이 시대의 교회와 크리스천들에게 우상들을 경배하고 행위를 본받으면 그것이 우리의 올무가 될 것이라고 경고하신다.

그리고 마침내, 우리 앞에는 이전의 우상들과는 전혀 다른 모습의 우상인 AI가 출현하고 있다. 매우 신비로운 모습으로 인간에게 커다란 유익을 줄 수 있는 이로운 기계로 서서히 우리 삶에 유입되고 있지만, 머지않아 AI는 숭배와 경배의 대상이 될 것이다. AI가 없으면 더이상 다산과 장수와 풍요를 누릴 수 없는 시대가 올 것이기 때문이다.

AI를 비롯한 현대 테크놀러지는 새로운 형태의 우상을 창조하고 있다. 교회는 그 달콤하고 강렬한 유혹에 저항해야 한다. 무조건 과학과 기술을 멀리하고 배타적인 자세를 취하라는 말이 아니다. 다만 적어도 과학 기술의 생산물들이 기독교의 복음 정신을 훼손할 때, 모른 척 입을 다물고 있지 말아야 한다는 것이다.

교회는 이단과 우상과 끊임없이 싸우고 견디며 지금까지 존재해 왔다. 앞으로도 교회는 치열한 영적인 싸움에 부딪히게 될 것이다. AI가 사람들의 눈을 멀게 하고 귀를 닫게 한다고 할지라도 교회만큼은 영적으로 깨어서 기계가 신의 자리를 차지하는 것을 경계해야 할 것이다.

> 너희는 자기를 위하여 우상을 만들지 말지니 목상이나 주상을 세우지 말며 너희 땅에 조각한 석상을 세우고 그에게 경배하지 말라 나는 너희 하나님 여호와임이니라(레위기 26:1).

5. 사람 긍휼히 품기

한국에 사람이 없다고 난리다. 좀 더 정확히 말하자면 아이들이 없다는 것이다. 무엇보다도 출생아 수가 급감하고 있다. 2023년 기준 출생아의 수는 약 23만 명으로 역대 최저치를 기록했다고 한다. 출산율이 0.68에 불과하다. 아기 울음소리를 듣기가 하늘에서 별 따기만큼 어렵다.

교회에도 아이들이, 청년들이 사라지고 있다고 아우성친다. 교단마다 교회학교 학생들의 수가 급격히 줄어들고 있는 것은 물론이고, 아예 교육부서가 없는 교회도 상당수에 이르고 있다고 한다.

이렇듯 사람이 귀한 시대임에도 불구하고, 이전보다도 사람이 귀하게 대접받지 못하는 기이한 현상이 벌어지고 있는 게 우리가 사는 사회와 문화의 현주소다. 자살과 '묻지마' 살인 등. 자신과 타인의 생명을 너무 쉽게 앗아가는 일이 비일비재하게 발생하고 있다.

이런 시대에 AI까지 등장하고 있다. 사람을 위해 만든다고는 하지만, 오히려 사람을 밀어내고 있는 현상들이 전 세계적으로 나타나고 있다. AI가 인간의 자리를 대체하고 빼앗아 갈 것이라는 우려가 곳곳에서 현실로 나타나고 있다. 이런 상황에서 AI가 인간을 인간답게, 인간의 삶을 훨씬 더 건강하고 풍요롭게 해 줄 것이라는 생각에 들떠 있는 것은 너무 순진하고 안일한 자세다.

사회의 어떤 곳보다도 교회는 사람에 대한 긍휼의 마음을 잊지 않아야 한다. 갈수록 교회 안에서도 사람보다는 프로그램이, 교회 건물이, 성장이, 전도나 선교 그 자체가 더 중요한 자리를 차지하는 것 같아 안타깝다. 교회에서조차 사람을 소중하게 여기지 않는다면, 이 땅의 사람들이 안전하게 갈 곳은 그리 많지 않을 것이다.

성경에 나타난 예수님의 관심은 항상 종교적인 율법이나 사람들이 세운 전통보다는 사람에 있었다. 예수님은 늘 사람에 대한 애정과 따뜻함, 그리고 그들 안에 도사리고 있는 죄에 대하여 탄식하였다. 특히, 고통당하고 상처받고 소외 당하고 가난한 이들의 아픈 마음을 불쌍히 여기셨다. 발이 닿는 곳이면 어디서든 사람에 대한 긍휼의 마음과 돌봄의 행위를 잊지 않으셨다.

하지만 현대인은 인간이 만든 기계, 물질, 이론, 규칙, 법칙들에 이전보다 훨씬 더 많이 둘러싸여 있다. 그러한 것들에서 조금이라도 어긋나거나 벗어나면 큰일이 나는 것처럼 생각하고 행동하는 사람들이 많아지고 있으며, 그것을 성취하기 위해서 사람을 죽이기까지 한다. 새로 출시된 스마트폰이나 가방 혹은 고가의 신발을 구하기 위하여 사람을 폭행하거나 죽이는 범죄가 심심찮게 벌어지고 있다. 사람이 만든 것들이 사람을 살리기는커녕 오히려 죽이는 것이다.

갈수록 AI 로봇들이 판을 치고 있다. 사람이 있어야 할 자리에 필요 이상으로 AI 로봇들이 차지하고 있다. 점령이라 표현해도 과언이 아닐 것이다. 사람보다도 AI 로봇을 상대하는 일이 점차 많아질 것이다. 게다가 머지않아 인간의 얼굴과 몸통과 팔다리를 가진, 이른바 휴머노이드 로봇이 등장하게 되면 영화에서나 보던 인간을 닮은 로봇과 인간이 공존하는 세상이 될 것이다. 그러다 결국, 누가 진짜 사람인지, 기계 사람인지 분간할 수 없는 지경이 되고 말 것이다.

사람에 대한 긍휼한 마음을 잊지 말자. 이제 AI 기계와 로봇들의 출현을 막을 수 없는 시기가 도래하였다. 다른 곳이면 몰라도, 창조주 하나님을 믿고 섬기는 교회는 기계를 뛰어넘어, 사람에 대한 따뜻한 시선이 있는 곳으로 남아있어야 한다. 이것은 칩이나 알루미늄으로 장착한 기계가 아닌, 피가 꿈틀거리는 마음으로부터 나오는 인간미 넘치는 시선은 나와 타인을 만드신 하나님을 인정하고 존귀하게 여길 때 가능해진다.

사람 대신에 AI 휴머노이드 로봇이 예배드리는 모습은 상상만 해도 끔찍하다. 그리고 그런 시대를 그저 자연스러운 문화 현상이라고 여긴다면, 그것은 더욱 무서운 일이 될 것이다.

살아 계신 하나님과 살아 있는 인간이 여전히 역동적으로 일하는, 현재 그리고 미래의 교회가 되기를 간절히 기도한다. 사람을 긍휼히 여기자.

> 무리를 보시고 민망히 여기시니 이는 저희가 목자 없는 양과 같이 고생하며 유리함이라(마태복음 9:36).

6. 부르심과 보내심 확신하기

AI 시대에 교회가 자신의 역할을 제대로 감당하기 위해서는 교회는 하나님께서 부르셨고 보내셨다는 사실을 확신해야 한다. 이 분명한 사실을 놓쳐 버리면, 사회와 문화의 급격한 흐름에 맞추어 가느라 우왕좌왕하다가 그저 전통적인 종교 기관으로 전락해 버릴 위험성이 매우 높다.

하나님과 사람 사이의 관계는 항상 하나님의 부르심과 보내심으로 시작된다. 그후 하나님의 부르심에 대한 사람의 반응이 나오게 된다. 이 땅에 사는 동안에 부르심을 받은 자로 살아간다는 믿음에 견고히 설 때, 교회는 사회의 거의 모든 분야에 불어닥칠 AI 광풍에 당당히 맞서 영원불변한 복음을 선포할 수 있다.

세상이 주는 시련과 고난이 닥칠 때, 마치 내 인생 전부가 무너져 내린다거나, 파괴될 것이라는 음산한 속삭임에 굴복하지 않을 수 있는 이유는 하나님께서 나를 부르셨다는 믿음이다. 비록 전방위적으로 다가오는 부정적인 영향들로 인하여 사역자와 교인들이 신앙을 지키기가 매우 어려운 시대지만, 세상의 어떤 버팀목도 하나님의 부르심의 확신보다 더 든든할 수는 없을 것이다.

하나님의 부르심의 확신에서 우리가 기억할 필요가 있는 다른 한 가지이 있다. 부르심은 하나님이 나를 이 세상으로 보내셨다는 확신을 포함한다는 사실이다. 모세를 부르신 하나님께서 그를 애굽으로 보내신다. 하나님의 부르심은 그저 부르심으로 그치지 않는다. 하나님의 부르심에는 반드시 보냄이 있다. 한 곳에 머무르지 않고, 하나님께서 맡겨진 일을 하기 위해서 부르신 자를 보내신다.

이렇듯 부르심과 보내심은 언제나 짝을 이룬다. 그리스도인으로서 이 세상에서 살아갈 때 하나님의 부르심과 보내심을 묵상하고, 기억하며, 실천하는 것이 필요하다.

하지만, 하나님의 부르심과 보내심을 실천하며 살아간다는 일은 그리 쉬운 과제가 아니다. 전쟁터와 같은 세상에 살다 보면 우리들의 오감을 죄어 오는 유혹이 너무나 많기 때문이다. 다양한 상황에서 시시각각으로 우리를 넘어뜨리려는 모습으로 다가오는 죄의 깊은 속성은 우리를 가두어 두려고 한다.

AI를 비롯한 우리 시대의 엄청난 과학과 기술의 발전이 너무나 강력하고 위대해 보인다. 인간의 능력에 한계가 없어 보인다.

이미 신만이 할 수 있다고 여겨지는 일들을 하고 있지 않은가?

반면, 세상의 기준으로 보면 교회는 초라하고 무능력하게 보일지 모른다. 그러나 기운을 내야 한다.

우리를 부르시고 보내신 분이 누구신가!

천지를 창조하시고 구원하시는 하나님이 아니신가!

하나님께서 아직도 우리를 부르시고 보내시기를 원하신다. 그걸로 충분하다.

> 이제 내가 너를 바로에게 보내어 너에게 내 백성 이스라엘 자손을 애굽에서 인도하여 내게 하리라(출애굽기 3:10).

7. 광야와 하나님의 계획 신뢰하기

이스라엘 백성을 광야로 인도하신 하나님께서는 목적이 있으셨다. 그들이 가야 할 곳은 분명했다. 하나님께서 예비하신 그들의 정착지는 애굽이나 블레셋이 아니라, 가나안이었다. 그들은 애굽을 떠나야 했고 블레셋 사람의 땅에 머물러서도 안 되었다.

애굽으로 다시 돌아갈 수는 없었다. 그들은 가나안이라는 새로운 땅과 기회만 바라봐야 했다. 애굽으로 돌아가는 것은 과거로의 회귀를 의미하며, 가나안으로 향하는 여정은 미래를 향한 새로운 소망의 시작을 뜻한다.

많은 사람이 한국 교회가 힘들고 어렵다고 말한다. 교회를 둘러싼 외부적인 환경만 어려운 것이 아니라, 교회 내부적으로도 많은 혼란과 갈등이 산적해 있다. 교회가 지금 걸어가고 있는 길이 어쩌면 광야의 길일 수도 있을 것이다. 구불구불하고, 온통 먼지와 자갈로 뒤덮여 있고, 먹을 물과 양식이 충분하지 못한 광야, 무엇 하나 편하지 않고, 심지어 길이 더이상 없을 것 같은 절망감이 교회를 감싸고 있다.

그래도 우리는 이 길을 가야 한다. 광야의 길을 가면서 하나님께서 돌보시고 이 땅의 교회를 향하신 하나님의 계획이 있다는 사실을 믿음으로 붙들고 묵묵히 걸어가야 한다.

많은 것이 부족한 광야를 걸어가던 이스라엘 백성의 눈에는 애굽의 종살이를 하던 때가 좀 더 형편이 좋아 보였다. 게다가 광야가 아닌 너무나 멋지고 수월해 보이는 길로 가려는 유혹도 있었다. 하나님의 은혜를 알고 경험했지만, 여전히 살아가기에 더 편하고 아름답고 멋있어 보이는 길로 가고 싶은 것이 모든 이들의 마음이다. 그리스도인이라고 해서 예외는 아닐 것이다.

갈수록 교회에 대한 시선이 곱지 않고 환경은 척박해져 가고 있는 이 시대의 광야 길은 힘들고 너무나 고단하다.

그러나 교회여, 잊지 말자!

그 고달픈 여정에는 우리보다 앞서 가시는 하나님께서 계신다. 애굽으로 회귀하거나 블레셋 사람의 땅은 사람의 선택이다. 하나님께서 우리를 돌보시는 곳이 아니다. 그곳은 더 깊은 탄식과 고통의 길로 가는 길이다.

광야의 길에는 하나님께서 친히 준비하신 불기둥과 구름 기둥이 있다.

하나님의 위대하시고 강한 손을 경험하며 사는 삶이야말로 그리스도인들에게 감격과 기쁨과 소망의 삶이 아니겠는가?

AI 시대에는 그 어느 때보다도 더 커다란 인내가 필요할 것이다. 눈물도 흘릴 것이다. 아픔도 있을 것이다. 너무 더워 숨이 턱턱 막힐 수도 있을 것이다.

그러나 하나님께서 돌보신다. 하나님께서 준비하신다. 그것을 믿으며 오늘도 광야와 같은 세상에 살아가면서 블레셋 사람의 땅과 같은 지름길에 눈 돌리지 말고, 오직 하나님께서 우리 각자에게 준비하신 길을 묵묵히 감사하며 기쁨으로 걸어가자. 하나님과 함께 걷는 법을 배울 때, 젖과 꿀이 흐르는 땅 가나안으로 들어가 하나님께서 원하시는 일들을 이룰 수 있다.

광야가 끝이 아니다. 광야는 가나안을 위한 과정일 뿐이다. 광야를 인내와 신뢰함으로 통과한 자만이 가나안으로 들어갈 수 있다. 거기서 기쁨으로 단을 거둘 것이다.

> 외치는 자의 소리여 가로되 너희는 광야에서 여호와의 길을 예비하라 사막에서 우리 하나님의 대로를 평탄케 하라 골짜기마다 돋우어지며 산마다 작은 산마다 낮아지며 고르지 않은 곳이 평탄케 되며 험한 곳이 평지가 될 것이요 여호와의 영광이 나타나고 모든 육체가 그것을 함께 보리라 대저 여호와의 입이 말씀하셨느니라(이사야 40:3-5).

소그룹 토론을 위한 질문

1) 7가지 핵심 가치 가운데 당신에게 가장 마음에 와닿고 도전이 되는 가치는 무엇인가?

2) 그러한 가치들을 실제로 실천하기 위하여 교회와 그리스도인이 해야 할 일들이 무엇이라고 생각하는가? 그중 가장 실천하기 어려운 가치는 무엇이라고 생각하는가?

3) 이 장에 나온 7가지 핵심 가치 외에 다른 가치로 당신은 무엇을 들 수 있는가? 그렇게 생각하는 이유는 무엇인가?

부록

본서를 활용한 12일 코스 제자훈련매뉴얼

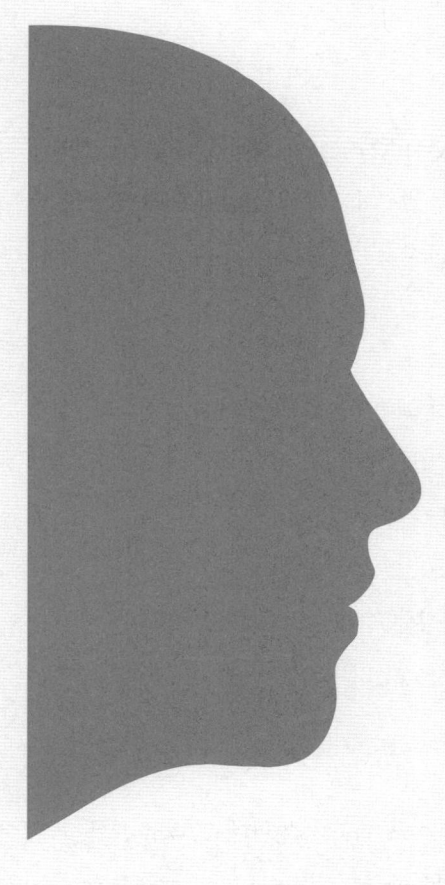

모이기 전에 그날 배울 주제를
미리 읽어올 것을
교우들에게 알려준다

Day 1

1. 제목: 왜 AI인가? 그리고 AI에 대한 6가지 접근

2. 성경 본문: 창세기 11:1-9

3. 목적: 바벨탑 사건을 읽고 묵상하면서, 우리는 이 시대의 급속하게 진행하고 있는 AI와 이와 관련한 과학 기술 발전이 기독교 신앙에 어떤 영향을 줄 수 있을지 생각해 본다.

4. 한 문장으로 읽는 오늘의 키워드
바벨탑 이야기를 보면서, AI는 단순히 과학 기술의 측면에서만 아니라, 성경적이고 신앙적인 관점으로 볼 필요가 있다.
  1) AI는 발명품이 아니라, 창조물이다.
  2) AI는 인간에 대한 개념 자체를 뒤흔들 것이다.
  3) AI는 하나님에 대한 대항마로 등장할 것이다.
  4) AI는 기독교에 적대적인 메시지를 낳는다

5. 발견
한 교우에게 창세기 11장 1-9절을 읽어 달라고 요청한다. 그리고 모든 교우에게 다음 질문들을 던지고 생각하도록 한다.
- 본문의 주요 내용은 무엇인가?
- 이들은 왜 성읍과 바벨탑을 만들려고 했을까?
- 하나님께서 이들의 언어를 혼잡하게 하신 이유는 무엇인가?

- 바벨탑 이야기 속에서 AI와 어떤 연결점을 발견할 수 있는가?
- 둘 사이의 공통점은 무엇이고, 차이점은 무엇인가?
- 바벨탑 이야기를 AI와 관련하여 읽으면서 1장에 나오는 6가지 접근 가운데 당신의 입장(접근)은 무엇인가?

6. 나눔
- 교우들을 그룹으로 나눠, 4명이나 5명 정도로 묶는다.
- 각 그룹에 위의 질문들을 함께 나누도록 한다.
- 위의 질문들 외에 궁금하거나 나누고 싶은 이야기가 있으면 언제든 허용한다.
- 의무적으로 순서를 정해서 답하는 방법은 피한다.
- 각자가 이야기하고 싶은 부분을 자유롭게 선택하도록 한다.

7. 삶의 적용
교우들에게 오늘 배운 것들을 가지고 실제로 적용 가능한 것들이 무엇인지 구체적으로 생각해 보라고 요청한다.

8. 함께 모여 기도함
그룹별 모임을 마치고 한자리에 모인다.
조별로 이야기하고 싶은 것이 있으면 함께 나누는 시간을 잠시 갖는다.
그후, 묵상과 기도로 마친다.

Day 2

1. 제목: 창조: 신이 되고 싶은 인간, AI를 창조하다

2. 성경 본문: 창세기 1:1-5; 이사야 45:7

3. 목적: AI를 신과 같은 존재가 되고 싶은 인간의 오랜 욕망의 실현으로 볼 수 있는 안목을 키운다. 특히, 기독교적 관점으로 인간을 닮은 AI의 창조와 하나님의 형상을 닮은 인간의 창조 이야기를 비교하고 이해하도록 한다.

4. 한 문장으로 읽는 오늘의 키워드
인공지능을 통해서 인간을 닮은, 더 나아가 인간을 초월할 수 있는 기계를 창조하는 것은 인간 복제와 더불어 하나님의 창조의 영역에 대한 인간의 가장 커다란 도전이다.

5. 발견
두 명의 교우에게 창세기 1:1-5와 이사야 45:7을 각각 읽어 달라고 요청한다. 그리고 모든 교우에게 다음 질문들을 던지고 생각하도록 한다.
- 본문의 주요 내용은 무엇인가?
- 본문은 창조에 대하여 무엇을 말하고 있다고 생각하는가?
- 하나님의 인간 창조와 인간의 AI 창조 사이에서 어떤 유사점을 발견할 수 있는가?
- 둘 사이의 차이점은 무엇인가?
- 인간의 AI 창조를 하나님의 인간 창조와 연결해서 생각해 본 적이 있는가?

6. 나눔
- 교우들을 그룹으로 나눠, 4명이나 5명 정도로 묶는다.
- 각 그룹에 위의 질문들을 함께 나누도록 한다.
- 위의 질문들 외에 궁금하거나 나누고 싶은 이야기가 있으면 언제든 허용한다.
- 의무적으로 순서를 정해서 답하는 방법은 피한다.
- 각자가 이야기하고 싶은 부분을 자유롭게 선택하도록 한다.

7. 삶의 적용

교우들에게 오늘 배운 것들을 가지고 실제로 적용 가능한 것들이 무엇인지 구체적으로 생각해 보라고 요청한다.

8. 함께 모여 기도함

그룹별 모임을 마치고 한자리에 모인다.
조별로 이야기하고 싶은 것이 있으면 함께 나누는 시간을 잠시 갖는다.
그후, 묵상과 기도로 마친다.

Day 3

1. 제목: 우상, AI 신에게 잡아먹힌 인간

2. 성경 본문: 출애굽기 20:3-5; 이사야 44:9-10

3. 목적: 우상은 무엇인지, 그리고 AI가 왜 이 시대의 우상이 될 수 있는지를 성경적으로 이해할 수 있도록 돕는다.

4. 한 문장으로 읽는 오늘의 키워드

우상 숭배는 하나님께서 가장 싫어하시는 것이다. 현대 과학 기술은 현대판 우상이 되고 있으며, 특히 인간이 창조한 AI는 그 우상 중 가장 높은 꼭대기에 자리 잡고 있다. AI는 인간을 하나님으로부터 떠나가게 만드는 우상이 될 것이다.

5. 발견

두 명의 교우에게 출애굽기 20:3-5와 이사야 44:9-10을 각각 읽어 달라고 요청한다. 그리고 모든 교우에게 다음 질문들을 던지고 생각하도록 한다.
- 본문의 주요 내용은 무엇인가?
- 본문은 우상에 대하여 무엇을 말하고 있다고 생각하는가?
- 우상에 대한 당신의 생각은 무엇인가?
- 테크놀러지와 AI가 우상이 될 수 있다고 생각하는가? 그 이유는 무엇인가?
- 만일 아니라고 생각한다면, 그 이유는 무엇인가?

- 그리스도인으로서 챗GPT나 AI에 대한 의존도와 하나님과의 관계에 대해서 어떤 연관성이 있다고 보는가?

6. 나눔
- 교우들을 그룹으로 나눠, 4명이나 5명 정도로 묶는다.
- 각 그룹에 위의 질문들을 함께 나누도록 한다.
- 위의 질문들 외에 궁금하거나 나누고 싶은 이야기가 있으면 언제든 허용한다.
- 의무적으로 순서를 정해서 답하는 방법은 피한다.
- 각자가 이야기하고 싶은 부분을 자유롭게 선택하도록 한다.

7. 삶의 적용
교우들에게 오늘 배운 것들을 가지고 실제로 적용 가능한 것들이 무엇인지 구체적으로 생각해 보라고 요청한다.

8. 함께 모여 기도함
그룹별 모임을 마치고 한자리에 모인다.
조별로 이야기하고 싶은 것이 있으면 함께 나누는 시간을 잠시 갖는다.
그후, 묵상과 기도로 마친다.

Day 4

1. 제목: 답을 주는 AI와 애매모호한 하나님, 기도보다는 챗GPT!

2. 성경 본문: 마태복음 7:7-8; 출애굽기 5:23

3. 목적: 답을 즉시 주지 않는, 느리게 보이는 하나님과 명쾌한 답을 신속하게 제시해 주는 AI를 비교하여 신앙적으로 이해할 수 있도록 한다. 기도보다 생성형 AI 챗GPT를 더 신뢰하고 의지할 수 있는 위험을 인지하도록 한다.

4. 한 문장으로 읽는 오늘의 키워드
챗GPT를 비롯한 다양한 AI 활용 기계들은 신속하고 정확하게 필요한 것들을 제공해 준다. 반면에, 하나님의 응답은 너무 많은 시간이 걸리고 때로는 묵묵부답인 것 같은 경우도 많다. 그러나 가장 적합한 시간에 우리에게 필요한 것들을 허락하시는 하나님을 신뢰하자.

5. 발견
두 명의 교우에게 마태복음 7:7-8과 출애굽기 5:23을 각각 읽어 달라고 요청한다. 그리고 모든 교우에게 다음 질문들을 던지고 생각하도록 한다.
- 본문의 주요 내용은 무엇인가?
- 본문은 기도에 대하여 무엇을 말하고 있다고 생각하는가?
- 기도하면 가장 먼저 무엇이 떠오르는가?
- 기도할 때 당신을 가장 난처하게 만드는 것은 무엇인가?
- 기도 후 경험한 것은 무엇인가?(즉시 응답, 오랜 시간 후 응답, 혹은 무응답)

- 명쾌한 답을 즉시 제공하는 AI와 너무 느린 답을 주시는 하나님에 대한 당신의 의견은 어떠한가?
- 그리스도인으로서 하나님보다는 당장 눈앞에 있는 AI를 먼저 찾아 가려는 유혹을 이기기 위해서 무엇이 필요하다고 생각하는가?

6. 나눔
- 교우들을 그룹으로 나눠, 4명이나 5명 정도로 묶는다.
- 각 그룹에 위의 질문들을 함께 나누도록 한다.
- 위의 질문들 외에 궁금하거나 나누고 싶은 이야기가 있으면 언제든 허용한다.
- 의무적으로 순서를 정해서 답하는 방법은 피한다.
- 각자가 이야기하고 싶은 부분을 자유롭게 선택하도록 한다.

7. 삶의 적용
교우들에게 오늘 배운 것들을 가지고 실제로 적용 가능한 것들이 무엇인지 구체적으로 생각해 보라고 요청한다.

8. 함께 모여 기도함
그룹별 모임을 마치고 한자리에 모인다.
조별로 이야기하고 싶은 것이 있으면 함께 나누는 시간을 잠시 갖는다.
그후, 묵상과 기도로 마친다

Day 5

1. 제목: 테크노 교회와 테크노 신앙

2. 성경 본문: 에베소서 2:20-22; 히브리서 4:12

3. 목적: AI 시대에 AI가 교회에 미칠 영향에 대해서 보다 진지하고 효과적으로 이해하고 대처할 수 있도록 한다.

4. 한 문장으로 읽는 오늘의 키워드
아무리 AI가 미래 인간의 삶의 방식을 바꿀 수 있다고 하더라도, 교회와 교인들의 신앙생활은 AI에게 맡길 수 없다. 교회는 기계가 아닌, 사람이 일하는 곳이다. 또한, AI가 알려주는 기계화된 복음으로 만족할 수 없으며, 복음은 우리의 삶을 통하여 얻어질 때 가장 큰 유익이 되는 것이다.

5. 발견
두 명의 교우에게 에베소서 2:20-22과 히브리서 4:12을 각각 읽어 달라고 요청한다. 그리고 모든 교우에게 다음 질문들을 던지고 생각하도록 한다.
- 본문의 주요 내용은 무엇인가?
- 본문은 교회와 복음에 대하여 무엇을 말하고 있다고 생각하는가?
- 테크노 교회에 대한 당신의 생각은 무엇인가?
- 가나안 교인과 AI 테크노 교인의 유사점과 차이점을 이야기해 보자.
- AI 챗GPT가 주는 기계화된 복음의 위험성에 대해서 생각해 보고, 이를 예방하기 위해 교회가 무엇을 할 수 있다고 생각하는가?

6. 나눔
- 교우들을 그룹으로 나눠, 4명이나 5명 정도로 묶는다.
- 각 그룹에 위의 질문들을 함께 나누도록 한다.
- 위의 질문들 외에 궁금하거나 나누고 싶은 이야기가 있으면 언제든 허용한다.
- 의무적으로 순서를 정해서 답하는 방법은 피한다.
- 각자가 이야기하고 싶은 부분을 자유롭게 선택하도록 한다.

7. 삶의 적용
교우들에게 오늘 배운 것들을 가지고 실제로 적용 가능한 것들이 무엇인지 구체적으로 생각해 보라고 요청한다.

8. 함께 모여 기도함
그룹별 모임을 마치고 한자리에 모인다.
조별로 이야기하고 싶은 것이 있으면 함께 나누는 시간을 잠시 갖는다.
그후, 묵상과 기도로 마친다.

Day 6

1. 제목: 새로운 교회의 출현, 메타버스 교회와 AI 교회

2. 성경 본문: 요한복음 14:6; 에베소서 4:32

3. 목적: 4차 산업혁명이 가져올 수 있는 두 개의 새로운 교회 형태인 메타버스 교회와 AI 교회에 대해서 알아본다. 또한, AI 신이라는 테크놀러지 신의 출현에 관해 살펴본다. 아울러 기존의 교회가 이러한 추세들에 어떻게 대처해야 하는지 고민하며 실제적인 방안을 모색한다.

4. 한 문장으로 읽는 오늘의 키워드
AI를 장착한 메타버스와 아예 AI를 신으로 예배하고 경배하는 AI 교회가 출현하고 있다. AI 테크놀러지가 신으로까지 여겨지는 시대에 교회는 인간은 오직 예수 그리스도를 믿는 믿음으로 구원받는다는 진리를 붙들어야 하며, 기계가 따라올 수 없는 감정 있는 교회(affective church)가 되어야 한다.

5. 발견
두 명의 교우에게 요한복음 14:6과 에베소서 4:32을 각각 읽어 달라고 요청한다. 그리고 모두에게 다음의 질문을 던지고 생각하도록 한다
- 본문의 주요 내용은 무엇인가?
- 본문은 구원과 교회에 대하여 무엇을 말하고 있다고 생각하는가?
- 메타버스 교회에 관해 어떻게 생각하는가?
- 머지않은 미래에 AI가 신이 될 수 있을까?

- AI 교회가 탄생하리라 생각하는가, 그 이유는 무엇인가?
- 메타버스 교회와 AI 교회에 대한 대안으로 저자는 감정 있는 교회(affective church)를 제시하고 있다. 이에 대하여 어떻게 생각하는가?
- 이를 위해서 교회가 무엇을 해야 할까, 혹은 다른 대안은 무엇이라고 생각하는가?

6. 나눔
- 교우들을 그룹으로 나눠, 4명이나 5명 정도로 묶는다.
- 각 그룹에 위의 질문들을 함께 나누도록 한다.
- 위의 질문들 외에 궁금하거나 나누고 싶은 이야기가 있으면 언제든 허용한다.
- 의무적으로 순서를 정해서 답하는 방법은 피한다.
- 각자가 이야기하고 싶은 부분을 자유롭게 선택하도록 한다.

7. 삶의 적용
교우들에게 오늘 배운 것들을 가지고 실제로 적용 가능한 것들이 무엇인지 구체적으로 생각해 보라고 요청한다.

8. 함께 모여 기도함
그룹별 모임을 마치고 한자리에 모인다.
조별로 이야기하고 싶은 것이 있으면 함께 나누는 시간을 잠시 갖는다.
그후, 묵상과 기도로 마친다.

Day 7

1. 제목: 교회의 주인, AI인가? 하나님인가?

2. 성경 본문: 사도행전 20:28; 디모데전서 3:15

3. 목적: 교회에서 AI를 다양하게 활용한다고 해도, 교회의 주인은 AI가 아니라 하나님이시며 AI가 하나님의 일을 하는 교회가 아니라, 여전히 사람이 하는 것임을 확인하게 한다.

4. 한 문장으로 읽는 오늘의 키워드
챗GPT를 포함한 다양한 AI 제품들이 인간에게 주는 편리함과 익숙함에 노예가 되지 말고, 시간이 걸리고 복잡한 과정을 거쳐야 하지만, 교회는 살아 숨을 쉬는 사람이 서로를 섬기고 품어주는 곳이 되어야 한다. 교회의 주인은 오직 하나님 한 분뿐이시다.

5. 발견
다같이 사도행전 20:28과 디모데전서 3:15을 읽어 달라고 요청한다. 그리고 모두에게 다음 질문들을 던지고 생각하도록 한다.
- 본문의 주요 내용은 무엇인가?
- 본문은 편리함과 익숙함에 대하여 무엇을 말하고 있다고 생각하는가?
- 이 장에서 예를 들고 있는 3가지 교회 풍경에 대한 당신의 생각은 어떠한가?
- 교회의 주인은 하나님이시라는 사실에 대해서 어느 정도의 확신이 있는가?

- 하나님도 사람도 아닌, AI가 교회의 주인이 될 수도 있다면, 어떤 요인들을 들 수 있는가?
- 교회에서 AI를 긍정적으로 활용할 수 있는 방법은 무엇이라고 생각하는가?
- AI에 대한 지나친 의존을 예방하기 위해서 무엇이 필요하다고 생각하는가?

6. 나눔
- 교우들을 그룹으로 나눠, 4명이나 5명 정도로 묶는다.
- 각 그룹에 위의 질문들을 함께 나누도록 한다.
- 위의 질문들 외에 궁금하거나 나누고 싶은 이야기가 있으면 언제든 허용한다.
- 의무적으로 순서를 정해서 답하는 방법은 피한다.
- 각자가 이야기하고 싶은 부분을 자유롭게 선택하도록 한다.

7. 삶의 적용
교우들에게 오늘 배운 것들을 가지고 실제로 적용 가능한 것들이 무엇인지 구체적으로 생각해 보라고 요청한다.

8. 함께 모여 기도함
그룹별 모임을 마치고 한자리에 모인다.
조별로 이야기하고 싶은 것이 있으면 함께 나누는 시간을 잠시 갖는다.
그후, 묵상과 기도로 마친다.

Day 8

1. 제목: 미래의 약속, 예수의 재림과 종말론적 AI

2. 성경 본문: 하박국 3:2; 요한계시록 22:12

3. 목적: 성경적인 종말에 대하여 분명하고 올바르게 인식하도록 한다.

4. 한 문장으로 읽는 오늘의 키워드

AI가 현재의 고통과 고난을 없애주고 인류에게 불로장생의 길을 열어주는 의미에서의 종말이 아니라, 교회는 예수 그리스도의 재림과 심판으로 이어지는 성경적 종말을 믿는다.

5. 발견

두 명의 교우에게 하박국 3:2과 요한계시록 22:12을 각각 읽어 달라고 요청한다. 모두에게 다음 질문들을 던지고 생각하도록 한다.
- 본문의 주요 내용은 무엇인가?
- 본문은 마지막 날에 대하여 무엇을 말하고 있다고 생각하는가?
- 8장에서 언급한 기독교적인 종말과 종말론적 AI가 당신에게 얼마나 실제로 도움이 되었는가?
- 무엇이 사람들이 종말론적 AI를 주장하도록 이끈다고 생각하는가?
- 종말론적 AI에 대한 당신의 의견이나 느낌은 무엇인가?
- 누군가 당신의 뇌를 로봇에 다운로드하여 영원히 기억과 감정을 저장하겠다고 한다면, 당신의 선택은 무엇인가?

- 그리고 그렇게 선택한 이유는 무엇인가?

6. 나눔
- 교우들을 그룹으로 나눠, 4명이나 5명 정도로 묶는다.
- 각 그룹에 위의 질문들을 함께 나누도록 한다.
- 위의 질문들 외에 궁금하거나 나누고 싶은 이야기가 있으면 언제든 허용한다.
- 의무적으로 순서를 정해서 답하는 방법은 피한다.
- 각자가 이야기하고 싶은 부분을 자유롭게 선택하도록 한다.

7. 삶의 적용

교우들에게 오늘 배운 것들을 가지고 실제로 적용 가능한 것들이 무엇인지 구체적으로 생각해 보라고 요청한다.

8. 함께 모여 기도함

그룹별 모임을 마치고 한자리에 모인다.
조별로 이야기하고 싶은 것이 있으면 함께 나누는 시간을 잠시 갖는다.
그후, 묵상과 기도로 마친다.

Day 9

1. 제목: 트랜스휴머니즘: AI의 신학인가?

2. 성경 본문: 고린도후서 10:4-5; 사사기 21:25

3. 목적: AI와 깊은 관련이 있는 트랜스휴머니즘을 성경적으로 제대로 이해하며 세상 사조와 기독교 복음과의 관계를 아울러 생각하게 한다.

4. 한 문장으로 읽는 오늘의 키워드
트랜스휴머니즘의 목적과 주요 내용은 철저하게 인본주의적이고 기계적인 인간관이라고 할 수 있기에, 성경이 말하는 하나님과의 관계 안에서 의미를 찾는 인간관과는 전적으로 배치된다.

5. 발견
두 명의 교우에게 고린도후서 10:4-5와 사사기 21:25을 각각 읽어 달라고 요청한다. 모두에게 다음 질문들을 던지고 생각하도록 한다.
- 본문의 주요 내용은 무엇인가?
- 본문은 하나님의 능력과 세상 이론에 대하여 무엇을 말하고 있는 는가?
- 그렇다면, 모든 세상 이론은 다 해로운 것인가? 그 기준은 무엇인가?
- 트랜스휴머니즘을 읽고 당신에게 다가온 생각과 느낌들은 무엇인가?
- 트랜스휴머니즘의 세 가지 측면에-급진적 진화론, 인간 조건의 향상, 인간이 원하는 방향-대한 당신의 의견은 무엇인가?

- AI를 활용해서 자신의 결핍이나 질병을 완전히 없애고 싶은 유혹이 누구에게나 있을 수 있다.
- 당신은 그러한 유혹에서 어느 정도 벗어날 수 있다고 생각하는가? 그리고 그 이유는 무엇인가?

6. 나눔

- 교우들을 그룹으로 나눠, 4명이나 5명 정도로 묶는다.
- 각 그룹에 위의 질문들을 함께 나누도록 한다.
- 위의 질문들 외에 궁금하거나 나누고 싶은 이야기가 있으면 언제든 허용한다.
- 의무적으로 순서를 정해서 답하는 방법은 피한다.
- 각자가 이야기하고 싶은 부분을 자유롭게 선택하도록 한다.

7. 삶의 적용

교우들에게 오늘 배운 것들을 가지고 실제로 적용 가능한 것들이 무엇인지 구체적으로 생각해 보라고 요청한다.

8. 함께 모여 기도함

그룹별 모임을 마치고 한자리에 모인다.
조별로 이야기하고 싶은 것이 있으면 함께 나누는 시간을 잠시 갖는다.
그후, 묵상과 기도로 마친다.

Day 10

1. 제목: 고통, 절망 그리고 죽음, 진화의 대상인가? 하나님의 축복인가?

2. 성경 본문: 시편 119:71; 고린도전서 12:7-10

3. 목적: AI 시대에 우리가 경험하는 상처, 절망, 고통들을 어떻게 바라보아야 하는지에 대하여 고민하고 함께 생각해 본다.

4. 한 문장으로 읽는 오늘의 키워드

인간이 현재 가지고 있는 신체적, 지적, 정신적인 결함이나 약함, 그리고 그로 인한 고통과 절망, 심지어 죽음은 인간이 아직 진화가 덜 되어서 그런 것이 아니라, 하나님께서 정하신 섭리인 것이다.

5. 발견

두 명의 교우에게 시편 119:71과 고린도전서 12:7-10을 각각 읽어 달라고 요청한다. 그리고 모두에게 다음 질문들을 던지고 생각하도록 한다.
- 본문의 주요 내용은 무엇인가?
- 본문은 고난과 고통에 대하여 무엇을 말하고 있다고 생각하는가?
- 당신은 질병, 불편함, 고난, 죽음 등에 대해서 어떤 반응을 보여왔는가?
- 고통의 '삭제'와 '치유'가 어떻게 다르다고 생각하는가?
- 만일, 누군가가 당신의 고통스러운 기억들을 삭제해 준다고 한다 면, 당신은 어떻게 반응할 것인가?

- 10장에서 말하는 '기계적 치유"와 "역설적 치유"에 대한 당신의 생각은 무엇인가?

6. 나눔
- 교우들을 그룹으로 나눠, 4명이나 5명 정도로 묶는다.
- 각 그룹에 위의 질문들을 함께 나누도록 한다.
- 위의 질문들 외에 궁금하거나 나누고 싶은 이야기가 있으면 언제든 허용한다.
- 의무적으로 순서를 정해서 답하는 방법은 피한다.
- 각자가 이야기하고 싶은 부분을 자유롭게 선택하도록 한다.

7. 삶의 적용
교우들에게 오늘 배운 것들을 가지고 실제로 적용 가능한 것들이 무엇인지 구체적으로 생각해 보라고 요청한다.

8. 함께 모여 기도함
그룹별 모임을 마치고 한자리에 모인다.
조별로 이야기하고 싶은 것이 있으면 함께 나누는 시간을 잠시 갖는다.
그후, 묵상과 기도로 마친다.

Day 11

1. 제목: AI 시대, 인간을 생각한다

2. 성경 본문: 창세기 24:7; 시편 23:4

3. 목적: 로봇과 기계가 인간 사회에 쏟아져 나올 준비를 하는 이 시대에 인간 존재의 의미와 가치를 기독교적이고 성경적으로 성찰하도록 한다.

4. 한 문장으로 읽는 오늘의 키워드

AI 시대를 맞이하여 인간의 자리는 결코 안전하지 못하다. 인간이란 살아 꿈틀거리는 이야기를 하고 있으며, 그 안에 다양한 의미와 가치를 부여하는 존재이다. 아무리 AI가 인간을 초월한 지능을 소유할 수 있다고 하더라도, 고통과 결핍과 한계를 하나님에 대한 신뢰 안에서 희망과 치유를 발견해 내는 믿음을 대신할 수는 없다.

5. 발견

두 명의 교우에게 창세기 24:7과 시편 23:4를 각각 읽어 달라고 요청한다. 그리고 모두에게 다음 질문들을 던지고 생각하도록 한다.
- 본문의 주요 내용은 무엇인가?
- 본문은 인생에 대하여 무엇을 말하고 있다고 생각하는가?
- AI 시대를 맞이하여 인간성의 상실, AI의 인간 지배의 가능성 등의 이야기들이 심심찮게 들려온다. 이에 관한 당신의 생각은 무엇인가?

- 상처, 절망, 고통, 죽음 등은 인간 이야기의 주요 재료라는 말에 관해 어떻게 생각하는가?
- 그리스도인으로서 당신은 인간이 어떤 존재라고 생각하는가?
- 인간에 대한 당신의 생각을 AI와 어떻게 연관시킬 수 있는가?

6. 나눔
- 교우들을 그룹으로 나눠, 4명이나 5명 정도로 묶는다.
- 각 그룹에 위의 질문들을 함께 나누도록 한다.
- 위의 질문들 외에 궁금하거나 나누고 싶은 이야기가 있으면 언제든 허용한다.
- 의무적으로 순서를 정해서 답하는 방법은 피한다.
- 각자가 이야기하고 싶은 부분을 자유롭게 선택하도록 한다.

7. 삶의 적용
교우들에게 오늘 배운 것들을 가지고 실제로 적용 가능한 것들이 무엇인지 구체적으로 생각해 보라고 요청한다.

8. 함께 모여 기도함
그룹별 모임을 마치고 한자리에 모인다.
조별로 이야기하고 싶은 것이 있으면 함께 나누는 시간을 잠시 갖는다.
그후, 묵상과 기도로 마친다.

Day 12

1. 제목: AI 시대, 교회가 붙들어야 할 핵심 가치 7가지

2. 성경 본문: 로마서 12:2; 레위기 26:1

3. 목적: AI 시대에 교회와 그리스도인들이 붙들어야 할 가치들이 무엇인지를 고민하고 생각하도록 한다.

4. 한 문장으로 읽는 오늘의 키워드

AI 시대가 본격적으로 열리기 시작하는 이때, 교회는 하나님, 예수님, 성령님, 교회, 인간에 대한 성경적인 이해와 신앙을 분명히 할 필요가 있다. 또한, 이 시대의 우상들의 거센 도전에 담대하게 대응해야 한다.

5. 발견

다함께 로마서 12:2를 읽어 달라고 요청한다. 그리고 모두에게 다음 질문들을 던지고 생각하도록 한다.
- 본문의 주요 내용은 무엇인가?
- "이 세대를 본받지 말라"가 무엇을 말하고 있다고 생각하는가?
- 12장에 나온 7가지 핵심 가치 가운데 당신에게 가장 마음에 와닿고 도전이 되는 가치는 무엇인가?
- 그러한 가치들을 실제로 실천하기 위하여 교회와 그리스도인이 해야할 일은 무엇이라고 생각하는가?
- 가장 실천하기 어려운 가치는 무엇이라고 생각하는가?

- 12장에 나온 7가기 핵심 가치 외에 다른 가치로 당신은 무엇을 들 수 있는가?
- 그 이유는 무엇인가?

6. 나눔
- 교우들을 그룹으로 나눠, 4명이나 5명 정도로 묶는다.
- 각 그룹에 위의 질문들을 함께 나누도록 한다.
- 위의 질문들 외에 궁금하거나 나누고 싶은 이야기가 있으면 언제든 허용한다.
- 의무적으로 순서를 정해서 답하는 방법은 피한다.
- 각자가 이야기하고 싶은 부분을 자유롭게 선택하도록 한다.

7. 삶의 적용
교우들에게 오늘 배운 것들을 가지고 실제로 적용 가능한 것들이 무엇인지 구체적으로 생각해 보라고 요청한다.

8. 함께 모여 기도함
그룹별 모임을 마치고 한자리에 모인다.
조별로 이야기하고 싶은 것이 있으면 함께 나누는 시간을 잠시 갖는다.
그후, 묵상과 기도로 마친다.

CLC 인공지능 시리즈

①

인공지능 혁명의 도전과 교회의 응전
박현신 지음 | 신국판 | 300면

포스트 팬데믹 시대, 4차 산업혁명의 판도를 바꾸는 게임체인저가 '인공지능'이라면, 영적 판도를 바꾸는 것은 '영적 리셋을 통한 참된 교회와 크리스천의 본질 회복과 성경적 부흥'이라고 할 수 있다. 4차 산업혁명이 본격화되는 이 시점에 진정한 부흥과 영적 대각성을 사모하고 기도할 때 영적 판도가 바뀌게 될 것을 기대한다.

②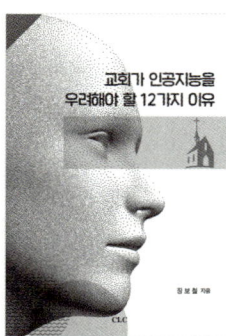

교회가 인공지능을 우려해야 할 이유 12가지
장보철 지음 | 신국판 | 204면

AI의 열풍 속에서, 이에 관한 찬반의 목소리가 높다. 이런 상황에서 교회는 어떤 시각으로 AI에 접근해야 하고, 어떤 영향을 예상할 수 있을까? 저자는 AI가 하나님의 창조 섭리와 인간 존재, 예수 그리스도의 다시 오심, 그리고 마지막 때의 심판 등에 정면으로 도전하는 인간의 최고의 수단으로 작용할 가능성을 지적하며 AI의 위험성에 대해 엄중히 경고한다.

③

AI 이후 트랜스 휴먼
김민정 지음 | 국판변형 | 120면

많은 전문가와 과학자는 트랜스휴머니즘적사고를 과학 기술을 통해 구체화하고 있다. 이 책은 기독교적 세계관을 바탕으로 현대의 기술 발전이 인류에게 가져올 잠재적 도전들을 조명한다. AI의 발전, 인간 강화, 윤리적 문제들에 대한 포괄적 논의를 통해 기술 발전의 본질적 의미, 인간 존재의 미래를 더 깊이 이해하도록 돕는다.